中国国家留学基金管理委员会指定来华留学生基础汉语教材

天天汉语

口语（2）

TIANTIAN HANYU KOUYU（2）

丛书主编 韩志刚 董 杰
本册主编 杨 娜

图书在版编目(CIP)数据

天天汉语. 口语. 2 / 杨娜主编. — 天津：天津大学出版社，2016.1

中国国家留学基金管理委员会指定来华留学生基础汉语教材/韩志刚，董杰主编

ISBN 978-7-5618-5510-2

Ⅰ.①天… Ⅱ.①杨… Ⅲ.①汉语－口语－对外汉语教学－教材 Ⅳ.①H195.4

中国版本图书馆CIP数据核字(2015)第321332号

出版发行 天津大学出版社
地　　址 天津市卫津路92号天津大学内(邮编:300072)
电　　话 发行部:022-27403647
网　　址 publish.tju.edu.cn
印　　刷 廊坊市海涛印刷有限公司
经　　销 全国各地新华书店
开　　本 210mm×285mm
印　　张 14
字　　数 482千
版　　次 2016年1月第1版
印　　次 2016年1月第1次
定　　价 58.00元

本书编委会

（按姓氏音序排列）

陈　红　　范晓倩

李　晶　　杨　娜

前　言

本套教材是中国国家留学基金管理委员会指定的来华留学生预科教育专用基础汉语教材，也可供以学习基础汉语、报考汉语水平考试（HSK）为目的的各类来华人员使用。

中国政府奖学金本科来华留学生预科教育自2005年起开始试行，近十年来，各预科教育院校所用的基础汉语教材并不统一，其中罕有完全适合预科教育培养目标的教材，因此设计编写一套为预科教育培养目标服务的专用教材就显得非常必要。随着预科教育事业的不断发展，教育部国际合作与交流司和国家留学基金管理委员会致力于推动预科教育培养标准的规范化、科学化工作，逐步确定和完善预科教学大纲和考试大纲，这为预科教育专用教材的设计编写提供了重要依据。

为了服务预科教育总体培养目标、加强预科专用教材建设、推动预科教育事业的发展，2013年天津大学国际教育学院决定组织力量编写一套针对性强的预科教育基础汉语专用教材。自2013年春季始，我们集中学院优秀师资，以多年从事预科教育的汉语教师为主体组成编写团队，精心设计编写，反复修改打磨，经过三年的努力，工作终见成效。

本套教材包括读写和口语两个系列，共五册，其中口语教材分两册。口语教材遵循以功能为纲的原则，词汇的选择以预科基础汉语教学大纲及新HSK考试大纲为主要依据，同时兼顾日常交际中词语的使用频次；课文内容贴近日常生活，注重实用性和趣味性相结合；功能项目的讲解以简要、直接为原则，呈现了大量日常交际中的常用语句。

本书为口语第二册，全书共20课，收录了汉语常用词汇500多个，使用了汉语基本交际话题10多个，如：谈爱好、谈理想、点菜、旅行、订酒店、买机票、送礼物、做客，等等。本书还包含功能项目60多个，如：表达谦虚、征求他人意见、表达自己观点、说明理由、赞美或批评他人、说明个人意图和打算、表示感谢，等等。每课包括生词、课文、学学练练、功能项目、练一练五大部分。生词部分除拼音、词性、英文释义以外，还配有常见搭配实例；课文部分配有相应插图，拼音在上，文字在下，拼音部分以词为单位分写；学学练练部分主要依据课文内容而设；功能项目部分介绍了为达到某种交际目的汉语常用的表达方式；练一练部分形式多样，有的侧重训练语音规范性，有的侧重练习功能项目，有的侧重培养表达能力，部分题型采用了新HSK题目形式。本册口语教材适合汉语学习达100学时左右的来华留学生使用，学完后能够应对生活中不同场景的交际，掌握汉语口语中的一些常用表达方式，初步了解中国人的思维方式、文化传统、风俗习惯等。

本册第一、五、九、十课由李晶编写，第二、十一、十三、十九课由陈红编写，第三、四、八、十二、十六、十七课由杨娜编写，第六、七、十四、十五、十八课由范晓倩编写，第二十课由李晶和范晓倩共同编写。

真诚期待使用本书的老师和学习者提出宝贵意见，以便我们进一步修改完善。

编者

2015年10月

于天津大学

目　录

dì yī kè
第一课

Zhè shì wǒmen de gòngtóng àihào
这是我们的共同爱好

shēngcí
生词 New Words

1	唉	ài	叹	alas	
2	钢琴	gāngqín	名	piano	弹钢琴、钢琴课
3	看来	kànlái	动	to appear	看来不错
4	感	gǎn	动	to feel, to sense	感兴趣
5	可	kě	副	very	
6	父母	fùmǔ	名	parents	我的父母
7	听说	tīngshuō	动	to hear of, to be told	听说他回国了
8	象棋	xiàngqí	名	Chinese chess	下象棋
9	尤其	yóuqí	副	especially, particularly	尤其重要、尤其关心
10	这么	zhème	副	so, like this	这么贵、这么多人
11	共同	gòngtóng	副 / 形	together/common	共同解决、共同目标

kèwén
课文 Text

Wǒ hé fùmǔ de àihào
(一)我和父母的爱好

Lǐ Qí: Wǒmen zhōumò qù tī zúqiú, zěnmeyàng?
李奇：我们周末去踢足球，怎么样？

Wáng Gāng: Ài! Bù xíng, wǒ yào qù shàng gāngqínkè.
王刚：唉！不行，我要去上钢琴课。

Lǐ Qí: Kànlái nǐ duì yīnyuè hěn gǎn xìngqu ya.
李奇：看来你对音乐很感兴趣呀。

Wáng Gāng: Hái xíng ba, búguò zhè kě bú shì wǒ de àihào, shì wǒ fùmǔ de àihào, suǒyǐ wǒ cóng xiǎo jiù xuéxí gāngqín.
王刚：还行吧，不过这可不是我的爱好，是我父母的爱好，所以我从小就学习钢琴。

Lǐ Qí: Tīngshuō nǐ xiàngqí yě xià de búcuò, nándào yě shì fùmǔ ràng nǐ xué de ma?
李奇：听说你象棋也下得不错，难道也是父母让你学的吗？

Wáng Gāng: Hēhē, suīrán shì wǒ fùmǔ ràng wǒ xué de, dànshì wǒ zìjǐ yě tèbié xǐhuan xià xiàngqí. Zhè shì wǒmen gòngtóng de àihào. Nǐ hé nǐ fùmǔ ne?
王刚：呵呵，虽然是我父母让我学的，但是我自己也特别喜欢下象棋。这是我们共同的爱好。你和你父母呢？

Lǐ Qí: Wǒ hěn ài yùndòng, yóuqí xǐhuan tī zúqiú. Wǒ bàba suīrán bù tī qiú, dànshì tā hěn xǐhuan kàn zúqiú bǐsài.
李奇：我很爱运动，尤其喜欢踢足球。我爸爸虽然不踢球，但是他很喜欢看足球比赛。

Wáng Gāng: Zhème shuōlái nǐ jīngcháng hé bàba yìqǐ kàn zúqiú bǐsài le.
王刚：这么说来你经常和爸爸一起看足球比赛了。

Lǐ Qí: Shì a! Zhè yě shì wǒmen de gòngtóng àihào.
李奇：是啊！这也是我们的共同爱好。

xuéxue liànlian
学 学 练 练 Learn and Practice

一、根据课文回答问题 Answer the following questions according to the text

1. 李奇周末要去做什么？王刚呢？
2. 李奇和父母的共同爱好是什么？王刚呢？
3. 李奇自己的爱好是什么？王刚呢？

二、根据课文完成下面的句子 Complete the sentences according to the text

李奇想让王刚__________，但是王刚没有时间，因为他__________。王刚从小__________，不过钢琴不是__________，而是他父母的爱好。除了钢琴，王刚还学习__________，虽然也是他父母__________，但是他自己对下象棋__________。

三、说一说 Let's talk

1. 你的爱好是什么？
2. 你和你的父母有没有共同爱好？

shēngcí
生 词 New Words

1	精彩	jīngcǎi	形	wonderful	精彩的比赛
2	过奖	guòjiǎng	动	to overpraise	您过奖了
3	倒	dào	副	but, on the contrary	

4	只是	zhǐshì	副	merely, simply, only	只是有点儿贵
5	平时	píngshí	名	in normal times, at ordinary times	平时喜欢做什么
6	逛	guàng	动	to stroll, to saunter, to ramble	逛公园、逛书店
7	互相	hùxiāng	副	each other, one another	互相学习、互相关心
8	据说	jùshuō	动	it is said	据说今天下雨
9	场	chǎng	量	(a classifier for the duration of sth.)	一场电影、一场病
10	展览	zhǎnlǎn	名	exhibition	展览馆
11	画展	huàzhǎn	名	art exhibition	看画展
12	正好	zhènghǎo	副	just in time	正好看见、正好听见
13	咱们	zánmen	代	we	咱们一块儿去吧

kèwén
课　文　Text

Yìqǐ qù kàn huàzhǎn zěnmeyàng
(二)一起去看画展怎么样

Dàwèi: Nǐ zuótiān de biǎoyǎn tài jīngcǎi le, gē chàng de hǎo, wǔ tiào de yě hǎo!
大卫：你昨天的表演太精彩了，歌唱得好，舞跳得也好！

Měiluó: Xièxie! Guòjiǎng le!
美罗：谢谢！过奖了！

Dàwèi: Nǐ yídìng cóng xiǎo jiù xuéxí chànggē tiàowǔ ba?
大卫：你一定从小就学习唱歌跳舞吧？

Měiluó: Nà dào bú shì, wǒ zhǐshì xǐhuan. Nǐ xǐhuan chànggē tiàowǔ ma?
美罗：那倒不是，我只是喜欢。你喜欢唱歌跳舞吗？

Dàwèi: Bù, wǒ kě bù xǐhuan chàngchang tiàotiao de. Wǒ xǐhuan ānjìng, bǐrú dúshū, píngshí xǐhuan qù túshūguǎn zuò yí zuò, huòzhě qù shūdiàn guàng yí guàng.
大卫：不，我可不喜欢唱唱跳跳的。我喜欢安静，比如读书，平时喜欢去图书馆坐一坐，或者去书店逛一逛。

Měiluó: Wǒ yě hěn xǐhuan dúshū. Dàjiā dōu shuō nǐ huàr huà de
美罗：我也很喜欢读书。大家都说你画儿画得

hěn hǎo, wǒ yě duì huàhuàr gǎn xìngqu, wǒ xiǎng gēn nǐ xuéxi xuéxi.
很好，我也对画画儿感兴趣，我想跟你学习学习。

Dàwèi: Nǐ tài kèqi le, wǒmen hùxiāng xuéxi ba! Zhème kànlái wǒmen de gòngtóng àihào hái zhēn bù shǎo!
大卫：你太客气了，我们互相学习吧！这么看来我们的共同爱好还真不少！

Měiluó: Duìle, jùshuō zhōumò zhǎnlǎnguǎn yǒu chǎng huàzhǎn, wǒmen yìqǐ qù, zěnmeyàng?
美罗：对了，据说周末展览馆有场画展，我们一起去，怎么样？

Dàwèi: Zhènghǎo biérén sòngle wǒ liǎng zhāng piào, nǐ hé wǒ yìqǐ qù ba.
大卫：正好别人送了我两张票，你和我一起去吧。

Měiluó: Tài hǎo le! Xièxie nǐ! Zánmen zhōumò jiàn!
美罗：太好了！谢谢你！咱们周末见！

xuéxue liànlian
学学练练 Learn and Practice

一、根据课文回答问题 Answer the following questions according to the text

1. 美罗表演了什么？表演得怎么样？
2. 大卫喜欢做什么？
3. 美罗和大卫有哪些共同爱好？
4. 他们周末打算去做什么？

二、根据课文完成下面的句子 Complete the sentences according to the text

虽然美罗不是从小就____________，但是这是她的______________。大卫和美罗不同，他不喜欢__________，他喜欢___________。他们两个人也有__________，比如读书、画画儿。大卫的画___________，美罗想向___________。周末在展览馆__________，他们___________。

三、说一说　Let's talk

1. 你有什么特长（tècháng, **specialty**）吗？
2. 你周末常常做什么？

功能项目　Functions

gōngnéng xiàngmù

一、表示推测(1)　To indicate conjecture(1)(通过前面的话，猜出一个结果)

1. 看来你对音乐很感兴趣。
2. 这么说来你经常和爸爸一起看足球比赛了。
3. 这么看来我们的共同爱好还真不少！

二、间接得知　To indicate "hear from sb."(从别的人或者别的地方知道)

1. 听说你象棋下得不错。
2. 大家都说你画儿画得好，我也喜欢画画儿，我想跟你学习学习。
3. 据说周末展览馆有场画展，我们一起去，怎么样？

三、表示喜好　To express preference(喜欢做的事情)

1. 虽然是父母让我学的，但我自己也特别喜欢下象棋。
2. 不，我可不喜欢唱唱跳跳的。我喜欢安静，比如读书，平时喜欢去图书馆坐一坐，或者去书店逛一逛。
3. 我很爱运动，尤其喜欢踢足球。
4. 大家都说你画儿画得好，我也对画画儿感兴趣。

四、表示谦虚　To express modesty(受到别人的表扬后，应该这样说)

1. 谢谢！过奖了！
2. 你太客气了。
3. 哪里哪里！

liàn yí liàn
练 一 练 Exercises

一、朗读词语 Read the phrases

1. shèyǐng 摄影	jiànshēn 健身	yújiā 瑜伽	tiàowǔ 跳舞	diàoyú 钓鱼
2. xià xiàngqí 下象棋	tán gāngqín 弹钢琴	tàn jítā 弹吉他	dǎ wǎngqiú 打网球	dǎ yǔmáoqiú 打羽毛球
3. jiànshēnfáng 健身房	zhǎnlǎnguǎn 展览馆	bówùguǎn 博物馆	tǐyùguǎn 体育馆	yóuyǒngguǎn 游泳馆

二、替换和扩展 Substitution and extension

1. A: 我们周末去踢足球，怎么样？

   B: 唉！不行，我要去上钢琴课。

A	B
爬山	打羽毛球
图书馆	……
游泳	……
……	画画儿
……	……

2. A：你一定从小就学习唱歌跳舞吧？

   B：那倒不是，我只是喜欢。

A	B
每天都学习到很晚	我十一点左右就睡觉了
……	这是我父母让我学的
……	我有时候自己做饭
去过这些地方	……

3. 我爸爸虽然不踢球，但是他很喜欢看足球比赛。

我爸爸的身体	好	他每天都坚持（jiānchí,insist）锻炼
弹钢琴	是李奇的爱好	……
我	喜欢音乐	……
……	……	他经常和朋友聊天（liáotiān,chat）
……	……	他很想去看一看

三、读句子并根据提示说出更多的句子 Read the sentences and say more sentences according to the hints

1. 这么说来……

这么说来你经常和爸爸一起看足球比赛了。

A: 这里一到冬天山上都是雪。

B: 这么说来________________。

A: 才结婚两个月我就胖了这么多。

B: 这么说来________________。

A: 为了这个表演她练习了三个月。

B: 这么说来________________。

2. 大家都说……

大家都说你画儿画得很好，我也很喜欢画画儿，我想跟你学习学习。

大家都说________________。

大家都说________________。

大家都说________________。

3. 对……感兴趣

大家都说你画儿画得很好，我也对画画儿感兴趣，我想跟你学习学习。

我 ______________________________，所以常常 ______________________________，一有时间我就 ______________________________。

我 __________________，听 说 她 ____________________，我想 ______________________________。

李 奇 和 ______________，有 时 候 ______________，有时候 ______________________。

中国历史

四、句子匹配 Match the sentences

例如：明天安娜去北京。 F

A. 哪里哪里！

B. 哎呀，我可不喜欢唱唱跳跳的。

C. 真的吗？我也对中国戏剧很感兴趣。

D. 好啊！我特别想去天安门广场看看呢！

E. 太好了！据说这个电影很有意思。

F. 她去中国朋友家。

1. 周末我去北京，想不想和我一起去？ ☐
2. 最近我想去学唱京剧。 ☐
3. 跟我一起去看《泰坦尼克号》吧！ ☐
4. 周末我们去唱歌怎么样？ ☐
5. 你的汉语说得真流利！ ☐

五、完成对话 Complete the dialogues

1. A：你平时喜欢做什么？

   B：我喜欢________________，平时常常________________，你呢？

A: 我也喜欢________，有时候________。

B: 这么看来咱们可以________。

A: 对啊，真好！

2. A: 你爱________？

B: 还可以，但是我不常去电影院看。

A: ________？

B: 我喜欢看《泰坦尼克号》《罗密欧与朱丽叶》……

A: ________你喜欢看爱情电影。

B: 对，你呢？你对什么电影感兴趣？

A: ________。

六、小组讨论　Group discussion

很多父母都希望孩子和自己有共同的爱好。你觉得这样的想法怎么样？父母应该怎么做才最好？2~3 人一组，进行小组讨论，得出结论。

	好处	坏处	结论
培养共同爱好			
不培养共同爱好			

七、问一问，说一说　Ask and talk

问问你身边的中国人，看看他们有哪些爱好，选择你感兴趣的一项介绍给你的同学。

调查表

姓名	性别	年龄	爱好

八、你知道吗　Do you know

中国人的爱好

在中国，老年人和年轻人的爱好有很大的不同，比如锻炼身体时，老年人喜欢打太极拳或者踢毽子，而年轻人则喜欢去健身房跑步或者练习瑜伽。和朋友聚会时，老年人喜欢约朋友一起下象棋或者唱京剧，但是年轻人则喜欢和朋友一起打麻将或者唱歌。休息的时候，老年人喜欢练练书法或者画中国画，而年轻人可能会约上朋友去旅游。

liàn shūfǎ 练书法　huà Zhōngguóhuà 画中国画　xià xiàngqí 下象棋　dǎ májiàng 打麻将

chàng jīngjù 唱京剧　chànggē 唱歌　dǎ tàijíquán 打太极拳　tī jiànzi 踢毽子

dì èr kè
第二课

Lǐfàdiàn
理发店

shēngcí
生 词 New Words

1	女士	nǚshì	名	lady	一位女士
2	剪	jiǎn	动	to cut	剪头发
3	发型	fàxíng	名	hairstyle	不同的发型
4	适合	shìhé	动	to fit	很适合
5	圆	yuán	形	round	圆脸型
6	脸型	liǎnxíng	名	face shape	方脸型
7	大方	dàfang	形	in good taste	很大方
8	烫	tàng	动	to perm	烫发
9	软	ruǎn	形	soft	头发很软
10	染	rǎn	动	to dye	染头发
11	职业	zhíyè	名	profession	她的职业
12	只	zhǐ	副	only	

13	试	shì	动	to try	试一试
14	打折	dǎzhé	动	to discount	正在打折

bǔchōng shēngcí 补充生词 Supplementary Words

1	理发师	lǐfàshī	名	hairdresser	一位理发师
2	图片	túpiàn	名	picture	一张图片
3	微信	wēixìn	名	wechat	发微信

kèwén 课文 Text

Nín xiǎng jiǎn shénmeyàng de
(一)您想剪什么样的

Lǐfàshī: Nǚshì nín hǎo, qǐng wèn nín xiǎng jiǎn shénme fàxíng?
理发师：女士您好，请问您想剪什么发型？

Zhāng lǎoshī: Wǒ xiǎng huàn ge fàxíng. Nín kànkan zhège zěnmeyàng?
张老师：我想换个发型。您看看这个怎么样？

Lǐfàshī: Zhè ge bǐjiào shìhé yuánliǎnxíng.
理发师：这个比较适合圆脸型。

(Lǐfàshī dǎkāi shǒujī wēixìn zhǎo le yì zhāng túpiàn.)
（理发师打开手机微信找了一张图片。）

Nín kàn zhège qiánmiàn duǎn diǎnr hòumiàn cháng diǎnr de ne?
您看这个前面短点儿后面长点儿的呢？

Zhāng lǎoshī: (Kàn le kan) Zhège fàxíng hěn dàfang, yě shìhé wǒ. Xūyào tàng yíxiàr ma?
张老师：（看了看）这个发型很大方，也适合我。需要烫一下儿吗？

Lǐfàshī: Nín tóufa ruǎn, tàng yíxiàr hǎo. Rúguǒ zài rǎn yì rǎn, jiù gèng piàoliang le.
理发师：您头发软，烫一下儿好。如果再染一染，就更漂亮了。

Zhāng lǎoshī: Wǒ shì lǎoshī, rǎn tóufa huì bú huì bú shìhé wǒ de
张老师：我是老师，染头发会不会不适合我的

zhíyè ?
职 业 ？

Lǐfàshī : Wǒ zhǐ gěi nín tàng yíxiàr ba .
理发师：我 只 给 您 烫 一 下 儿 吧 。

Zhānglǎoshī : Wǒ shì yí shì . Kěyǐ dǎzhé ma ?
张 老师：我 试 一 试 。 可 以 打 折 吗 ？

Lǐfàshī : Wǒ gěi nín dǎ bā zhé ba .
理发师：我 给 您 打 八 折 吧 。

xuéxue liànlian
学 学 练 练 Learn and Practice

一、根据课文回答问题 Answer the following questions according to the text

1. 理发师认为张老师拿来的发型图片适合她吗？
2. 理发师给张老师介绍的发型是什么样的？
3. 理发师为什么要建议张老师把头发烫一下？
4. 最后，理发师给张老师打折了吗？

二、根据课文完成下面的句子 Complete the sentences according to the text

张老师去了__________，理发师问张老师想__________个什么样的发型。张老师手里拿着一张_______________告诉理发师，她想换个__________。理发师认为，张老师喜欢的发型比较__________圆脸的人。理发师打开____________找了一张图片，问张老师觉得这个前面____________后面____________的发型怎么样，张老师觉得这个发型不但很__________自己，而且还很__________。理发师对张老师说："您的头发有点儿___________，需要________，再____________，一定很漂亮。"张老师担心，自己是老师，__________会不会不适合自己的__________。最后，理发师________给张老师________了一下，还给她打了一个________。

三、说一说 Let's talk

1. 你知道哪些发型？
2. 你和同学表演一下去理发店怎么和理发师交流。

shēngcí
生 词 New Words

1	顾客	gùkè	名	customer	顾客很多
2	合适	héshì	形	appropriate	衣服比较合适
3	特点	tèdiǎn	名	character	有特点
4	比如	bǐrú	动	for example	
5	年龄	niánlíng	名	age	年龄大
6	等	děng	助	and so on	买了苹果、梨等
7	设计	shèjì	动	to design	设计发型
8	技术	jìshù	名	technology	技术好
9	经验	jīngyàn	名	experience	经验很多
10	丰富	fēngfù	形	rich	经验丰富
11	差不多	chàbuduō		almost	水平差不多

bǔchōng shēngcí
补 充 生 词 Supplementary Words

1	俗话	súhuà	名	common saying	俗话说
2	回头客	huítóukè	名	returning customer	有回头客

kèwén

课文 Text

Nǐ de fàxíng zhēn hǎokàn

(二)你的发型真好看

Tóngshì: Nǐ de fàxíng zhēn hǎokàn, zài nǎr tàng de?
同事：你的发型真好看，在哪儿烫的？

Zhānglǎoshī: Jiù zài dìtiězhàn fùjìn de lǐfàdiàn, nàr de gùkè tèbié duō.
张老师：就在地铁站附近的理发店，那儿的顾客特别多。

Tóngshì: Súhuà shuō, tóufa shì rén de dì èr zhāng liǎn, fàxíng héshì le, rén gèng piàoliang le.
同事：俗话说，头发是人的第二张脸，发型合适了，人更漂亮了。

Zhānglǎoshī: Duì! Nàr de lǐfàshī huì gēnjù gùkè tèdiǎn, bǐrú niánlíng, zhíyè, liǎnxíng děng shèjì fàxíng.
张老师：对！那儿的理发师会根据顾客特点，比如年龄、职业、脸型等设计发型。

Tóngshì: Lǐfàshī zhēn búcuò ya!
同事：理发师真不错呀！

Zhānglǎoshī: Tāmen jìshù hǎo, jīngyàn yě fēngfù, huítóukè hěn duō.
张老师：他们技术好，经验也丰富，回头客很多。

Tóngshì: Tàngfà shíjiān cháng ma? Duōshao qián?
同事：烫发时间长吗？多少钱？

Zhānglǎoshī: Chàbuduō liǎng gè xiǎoshí. Jiǔ bǎi duō kuài.
张老师：差不多两个小时。九百多块。

Tóngshì: Tài guì le ba.
同事：太贵了吧。

Zhānglǎoshī: Shì bù piányi, dànshì piàoliang gèng zhòngyào.
张老师：是不便宜，但是漂亮更重要。

学学练练 Learn and Practice

xuéxue liànlian

一、根据课文回答问题 Answer the following questions according to the text

1. 张老师在哪儿烫的发？
2. 张老师觉得那儿的理发师怎么样？
3. 同事认为张老师的发型怎么样？
4. 她为什么花那么多钱烫头发？

二、根据课文完成下面的句子 Complete the sentences according to the text

张老师在地铁站________的理发店烫了发，她的________认为她的发型非常________。张老师向同事介绍说：这家理发店的理发师____________很不错，而且____________也丰富，__________特别多。他们会根据顾客的____________，比如____________、职业、脸型等_________适合他们的_________。“头发是人的________。”这句________说得太对了。

三、说一说 Let's talk

1. 请你画一张像，然后跟同学们说说你最喜欢的发型是什么样的。
2. 你去烫或剪了一个合适的发型，你会怎样向朋友介绍这家理发店的理发师？

功能项目 Functions

gōngnéng xiàngmù

一、理发店常用语 Common language in barbershop(在理发店里常常这样说)

1. 您想剪什么样的发型？
2. 我想换一个发型。
3. 根据顾客的特点，比如年龄、职业、脸型等设计合适的发型。
4. 烫一下更好。
5. 如果再染一染，就更漂亮了。

二、征求他人意见 Ask for others' opinion（想得到别人的意见时，你可以这样说……）

1. 我想换个发型，您看看这个怎么样？
2. 那您看这个前面短点儿后面长点儿的呢？
3. 我是老师，又染又烫，会不会不适合我的职业？
4. 我只给您烫一下儿，您看呢？

liàn yí liàn
练 一 练 Exercises

一、朗读词语 Read the phrases

1. BOB tóu 头	bàozhàtóu 爆炸头	líhuātóu 梨花头	liúhǎir 刘海儿
2. chángliǎn 长脸	fāngliǎn 方脸	guāzǐliǎn 瓜子脸	guózìliǎn 国字脸
3. chuīfēngjī 吹风机	juǎnfàqì 卷发器	tàngfàshuǐ 烫发水	guā húzi 刮胡子

二、替换和扩展 Substitution and extension

1. A：您想<u>剪什么样的发型</u>？

   B：我想<u>换一个发型</u>。

A	B
买点儿什么	买……
借什么书	……
……	吃饺子
……	喝啤酒

2. 如果<u>再染一染</u>，<u>头发就更漂亮了</u>。

……	身体就更好了
……	个子就更高了
吃饺子时能喝点酒	生活就……
穿件漂亮裙子	你就……

3. 又染又烫，会不会不适合我的职业？

你又……又……	得“三高”
咱们又……又……	吵到邻居
这个孩子又……又……	……
这个男人又……又……	……

三、读句子并根据提示说出更多的句子 Read the sentences and say more sentences according to the hints

1. 那件衣服不适合青年人，最适合中年人。

BOB 头　国字脸　瓜子脸

→______________。

爆炸头　四十岁的女人　二十多岁的年轻女孩儿

→______________。

2. 如果再染一染，就更漂亮了。

化一化妆　漂亮

→______________。

剪一剪　刘海儿　年轻

→______________。

3. 那您看这个前面短一点儿后面长一点儿的呢？

红颜色的　怎么样

→______________。

4. 我只给您烫一下，您看呢？

买两件　会更便宜

→________________________________。

5. 根据顾客的特点，比如年龄、职业、脸型等设计适合他们的发型。

顾客的要求　年龄　职业　爱好　衣服

→________________________________。

顾客的要求 送自己 送家人 送朋友　蛋糕

→________________________________。

四、完成对话　Complete the dialogues

1. A：你的发型真好看，______________？

   B：就在________________________。

   A：你觉得那里的理发师技术怎么样？

   B：非常好！____________________。

   A：花了多长时间？花了多少钱？

   B：__________________________。

   A：花这么多钱，还要等这么久啊！

   B：对女人来说，________________。

   A：你平时多长时间理一次发？

   B：我差不多____________________。

2. A：你的这件衣服真好看，__________？

   B：就在________________________。

   A：还有别的颜色的吗？

   B：有，________________________。

A：红色的适合我吗？

B：当然！你很白，红颜色__________。

A：我也去买一件，我和你的个头_____。

B：现在买更合适，因为_____________。

五、句子匹配　Match the sentences

例如：明天安娜去北京。 F

A. 打折的东西有的好有的不好，适合自己的才是合适的。

B. 是啊，他的经验也很丰富。

C. 她认为：头发是人的第二张脸。

D. 因为你和弟弟的个头差不多。

E. 没错，好的开始等于成功的一半。

F. 她去中国朋友家。

1. 王丽换过不少发型，比如 BOB 头、梨花头什么的。 □
2. 做一件事，一开始做好了，以后就好做了。 □
3. 商店里很多衣服都在打折。 □
4. 小王的技术特别好。 □
5. 我的西装弟弟穿也合适。 □

六、说一说　Let's talk

1. 最近很多男士剪“飞机头”，你觉得这个发型怎么样？适合什么样的年龄？什么样的脸型？

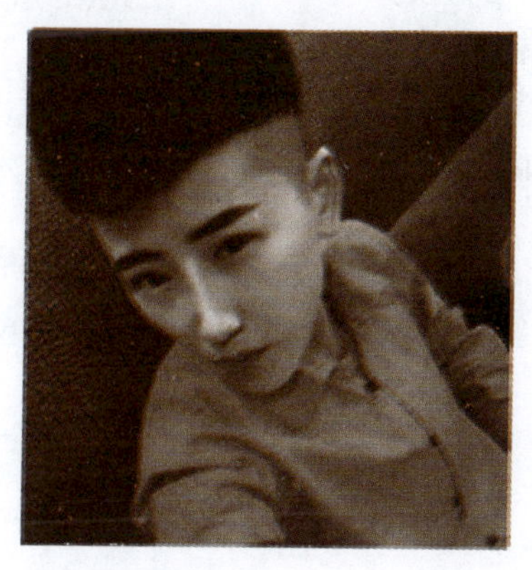

2. 下面两张图片的发型，你喜欢哪一个？这两个发型分别适合什么年龄、什么脸型的女人？

七、问一问，说一说　Ask and talk

你身边的朋友、同学、老师都喜欢什么样的发型？

	性别	年龄	发型	职业
第一个人				
第二个人				
第三个人				
……				

八、你知道吗　Do you know

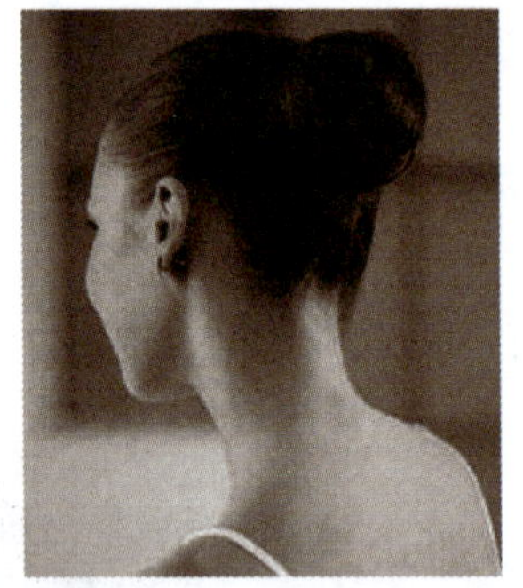

20 世纪 20—40 年代，中国女性的发式是比较固定的。结婚前，女孩子基本上都是梳着一条大辫子，辫梢系一根红色或者其他颜色的头绳；结婚后，女性的发型发生了变化，她们会在额前留刘海儿，将头发盘起来，梳成一个发髻，发髻上还会插上簪子，很漂亮。

dì sān kè
第三课

Wǒ de lǐxiǎng shēnghuó
我的理想生活

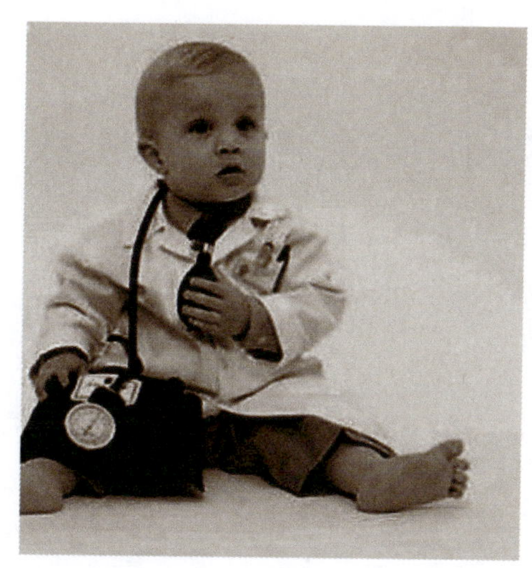

shēngcí
生　词　New Words

1	计划	jìhuà	名	plan	我的计划
2	今后	jīnhòu	名	future	今后的生活
3	生活	shēnghuó	名	life	学校生活
4	理想	lǐxiǎng	名	ideal	我的理想
5	郊区	jiāoqū	名	suburb	住在郊区
6	座	zuò	量	(measure word)	一座房子
7	客厅	kètīng	名	living room	在客厅看电视
8	卧室	wòshì	名	bedroom	两间卧室
9	对	duì	形	right	对了
10	最好	zuìhǎo	副	had better	最好不去
11	白日梦	báirìmèng	名	daydream	做白日梦

kèwén
课文 Text

Lǐxiǎng shēnghuó
(一)理想生活

Àilǐ: Zhēn méi xiǎng dào wǒ néng lái Zhōngguó xué Hànyǔ.
艾里：真没想到我能来中国学汉语。

Měiluó: Shì ma? Wǒ gēn nǐ bù yíyàng, wǒ cóng xiǎo jiù dǎsuàn lái Zhōngguó xuéxí.
美罗：是吗？我跟你不一样，我从小就打算来中国学习。

Àilǐ: Ó? Kànlái nǐ shì ge hěn yǒu jìhuà de rén! Nà nǐ xiǎngguò jīnhòu de shēnghuó ma?
艾里：哦？看来你是个很有计划的人！那你想过今后的生活吗？

Měiluó: Dāngrán! Wǒ de lǐxiǎng shì zài jiāoqū mǎi yí zuò dà fángzi, liǎng céng lóu, yī lóu shì chúfáng hé kètīng, èr lóu shì wòshì.
美罗：当然！我的理想是在郊区买一座大房子，两层楼，一楼是厨房和客厅，二楼是卧室。

Àilǐ: Nǐ xiǎng de zhēn yuǎn!
艾里：你想得真远！

Měiluó: Hái yǒu ne! Fáng hòu yào yǒu yí gè xiǎo huāyuán, zhèyàng wǒ de liǎng gè háizi jiù yǒu dìfang wánr le.
美罗：还有呢！房后要有一个小花园，这样我的两个孩子就有地方玩儿了。

Àilǐ: Liǎng gè háizi?
艾里：两个孩子？

Měiluó: Duì a! Yǐhòu wǒ de jiā lǐ yào yǒu sì kǒu rén, wǒ, zhàngfu hé liǎng gè háizi. Zuìhǎo shì yí gè érzi, yí gè nǚér!
美罗：对啊！以后我的家里要有四口人，我、丈夫和两个孩子。最好是一个儿子、一个女儿！

Àilǐ: Nǐ xiǎng yào jiù néng yǒu ma?
艾里：你想要就能有吗？

Měiluó: Hái bù néng zuòzuo báirìmèng a!
美罗：还不能做做白日梦啊！

xuéxue liànlian
学 学 练 练 Learn and Practice

一、根据课文回答问题 Answer the following questions according to the text

1. 以前艾里和美罗都计划好要来中国学汉语吗？
2. 美罗是一个有计划的人吗？为什么？
3. 美罗的理想生活是什么？
4. 艾里觉得美罗能实现自己的理想吗？

二、根据课文完成下面的句子 Complete the sentences according to the text

美罗是个有______的人，从小就想______________，她还计划了未来的生活。她的理想是______，两层楼，一层是______，二层是______。以后她希望家里有__________，美罗、美罗的丈夫和______、______。但是艾里觉得有些东西不是想要就能有的。

三、说一说 Let's talk

1. 说说你知道的关于房间的词语。（如：餐厅）
2. 你理想的房子是什么样的？

shēngcí
生 词 New Words

1	市	shì	名	city	市中心
2	中心	zhōngxīn	名	centre	城市的中心

3	空气	kōngqì	名	air	空气新鲜
4	这样	zhèyàng	代	like this	不能这样看
5	道理	dàolǐ	名	reason	有道理
6	另外	lìngwài	连	moreover	
7	热闹	rènao	形	lively	非常热闹
8	美	měi	形	good	想得很美
9	电影院	diànyǐngyuàn	名	cinema	去电影院看电影
10	咖啡厅	kāfēitīng	名	coffee house	去咖啡厅喝咖啡
11	确实	quèshí	副	really, indeed	确实很难
12	而	ér	连	but	

kèwén

课 文 Text

Zhù zài nǎr hǎo

(二)住在哪儿好

Lǐ Qí: Nǐ juéde zhù shì zhōngxīn hǎo háishi zhù jiāoqū hǎo?

李奇：你觉得住市中心好还是住郊区好？

Měiluó: Wǒ gèng xǐhuan zhù zài jiāoqū, huánjìng hǎo, kōngqì yě xīnxian.

美罗：我更喜欢住在郊区，环境好，空气也新鲜。

Lǐ Qí: Wǒ bú zhèyàng kàn. Jiāoqū de huánjìng suīrán hǎo, dànshì lí shìzhōngxīn tài yuǎn, shēnghuó bú tài fāngbiàn.

李奇：我不这样看。郊区的环境虽然好，但是离市中心太远，生活不太方便。

Měiluó: Nǐ shuō de yě yǒu dàolǐ.

美罗：你说得也有道理。

Lǐ Qí: Lìngwài, wǒ shì ge xǐhuan rènao de rén, xiàle bān qù kànkan diànyǐng, hēhe kāfēi, duō měi a!

李奇：另外，我是个喜欢热闹的人，下了班去看看电影、喝喝咖啡，多美啊！

Měiluó: Nà shìzhōngxīn bǐjiào shìhé nǐ, jiāoqū de diànyǐngyuàn hé kāfēitīng quèshí bù duō.

美罗：那市中心比较适合你，郊区的电影院和咖啡厅确实不多。

Lǐ Qí: Nǐ bù xǐhuan kàn diànyǐng, hē kāfēi ma?
李 奇：你不喜欢看电影、喝咖啡吗？

Měiluó: Bú shì bù xǐhuan, ér shì wǒ gèng xǐhuan jiāoqū ānjìng de shēnghuó.
美 罗：不是不喜欢，而是我更喜欢郊区安静的生活。

Lǐ Qí: Kànlái yǐhòu wǒmen bù kěnéng zuò línjū le.
李 奇：看来以后我们不可能做邻居了。

xuéxue liànlian
学学练练 Learn and Practice

一、根据课文回答问题 Answer the following questions according to the text

1. 美罗喜欢住在哪儿？为什么？
2. 李奇为什么不喜欢住在郊区？
3. 李奇和美罗分别喜欢什么样的生活？
4. 为什么李奇觉得他们以后做不了邻居？

二、根据课文完成下面的句子 Complete the sentences according to the text

美罗喜欢住在________，因为________好，空气也________。但是李奇不喜欢__________，他觉得生活_________。他是个喜欢热闹的人，下了班愿意去________、__________。美罗是个喜欢______的人，所以他们以后_________。

三、说一说 Let's talk

1. 说说你平时喜欢干什么。（如：看电影、去公园散步）
2. 以后你想住在市中心还是郊区？为什么？

gōngnéng xiàngmù
功能项目 Functions

一、观点相同或不同 To express the same or different opinion（两个人的看法一样或者不一样）

1. 你说得也对！
2. 我不这样看。
3. 我跟你不一样。

二、肯定回答 To express affirmative answers（肯定回答别人提出的问题）

1. 当然！
2. 对啊！
3. 不是不喜欢！

三、计划内或计划外 To indicate something planned or out of plan（原来计划好的，或者是根本没想到会发生的）

1. 真没想到我能来中国学汉语。
2. 我从小就想来中国学习。
3. 我的理想是在郊区买一座大房子。

liàn yí liàn
练一练 Exercises

一、朗读词语 Read the phrases

diànnǎo 1. 电脑	kōngtiáo 空调	xǐyījī 洗衣机	diànbīngxiāng 电冰箱	rèshuǐqì 热水器	
shūfáng 2. 书房	cèsuǒ 厕所	wòshì 卧室	cāntīng 餐厅	xǐshǒujiān 洗手间	wèishēngjiān 卫生间
zhíyè 3. 职业	lǜshī 律师	zuòjiā 作家	huàjiā 画家	yìshùjiā 艺术家	gōngchéngshī 工程师

二、替换和扩展 Substitution and extension

1. A：我想要一个儿子和一个女儿。

   B：你想要就能有吗？

A	B	
想得到10万块钱	想得到	得到
不想工作了	……	……
想吃……	……	……
……	想去	去
……	不想去	不去

2. A：我喜欢吃苹果。

   B：我跟你不一样，我喜欢吃香蕉。

A	B
每天早晨都锻炼身体	……
常去超市买东西	……
……	每天自己做饭
……	去过很多地方旅行
……	……

3. 我不是不喜欢看电视，而是更喜欢看电影。

明白你的意思	想让你再多说说
喜欢用筷子	……
想和你出去	……
……	老师不同意
……	天气太热了

4. A：星期天多睡一会儿多好啊！

   B：我不这样看，睡觉太浪费时间了。

A	B
超市的水果多好啊	超市的水果不太新鲜
有时间就应该去玩儿	……
抽烟没有好处	……
……	有的中国人不会说普通话
……	生活应该节约些

三、读句子并根据提示说出更多的句子 Read the sentences and say more sentences according to the hints

1. 真没想到……

真没想到自己能来中国学汉语。

来中国以前，我真没想到________________。

真没想到________________。

真没想到________________。

2. 看来……

看来以后我们不可能做邻居了。

看来________________。

看来____。

看来____。

3. 从小就想……

我从小就想有一个自己的房子。

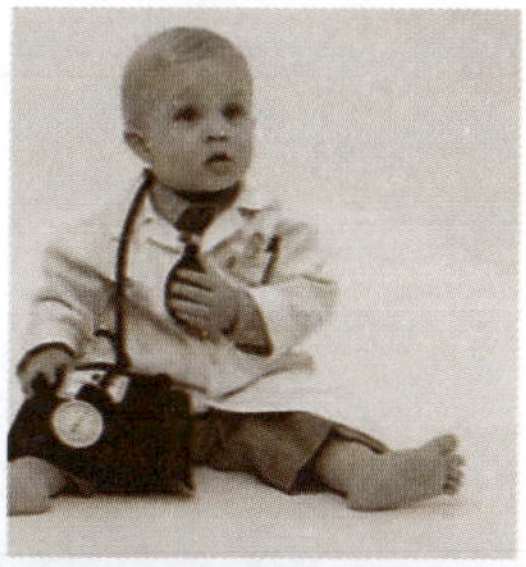

我从小就想____________________________________。

我从小就想____________________________________。

我从小就想____________________________________。

四、完成对话　Complete the dialogues

1. A:我希望有一天能开一家超市。

   B:我和你不一样,________________。

   A:也很好啊!

   B:以后________________________。

   A:没问题。

2. A:你的理想工作是什么?

   B:______________________________。

   A:真不错,那从今天开始就应该努力。

   B:当然,________________________。

   A:你真是一个有计划的人。

   B:那你的理想工作呢?

   A:______________________________。

   B:你是在做白日梦吧!

五、句子匹配　Match the sentences

例如:明天安娜去北京。 [F]

A. 不是不明白,是他说得不对。

B. 你在做白日梦吧!

C. 我不这样看。

D. 看来你是希望她们长得漂漂亮亮的。

E. 我以后要做一名老师。

F. 她去中国朋友家。

1. 我有两个女儿,一个叫王漂漂,一个叫王亮亮。 □
2. 你的理想是什么? □
3. 你不明白他说的话吗? □
4. 不工作也能有钱的生活多美! □
5. 郊区的生活更适合小孩子。 □

六、小组讨论　Group discussion

去电影院看电影好还是上网看电影好？（提示：钱、出门、方便、环境、你说得也对、我不这样看、看来……）

	好处	坏处	最终建议
电影院看电影好			
上网看电影好			

七、说一说　Let's talk

这两个人未来的理想生活分别是什么？

八、你知道吗　Do you know

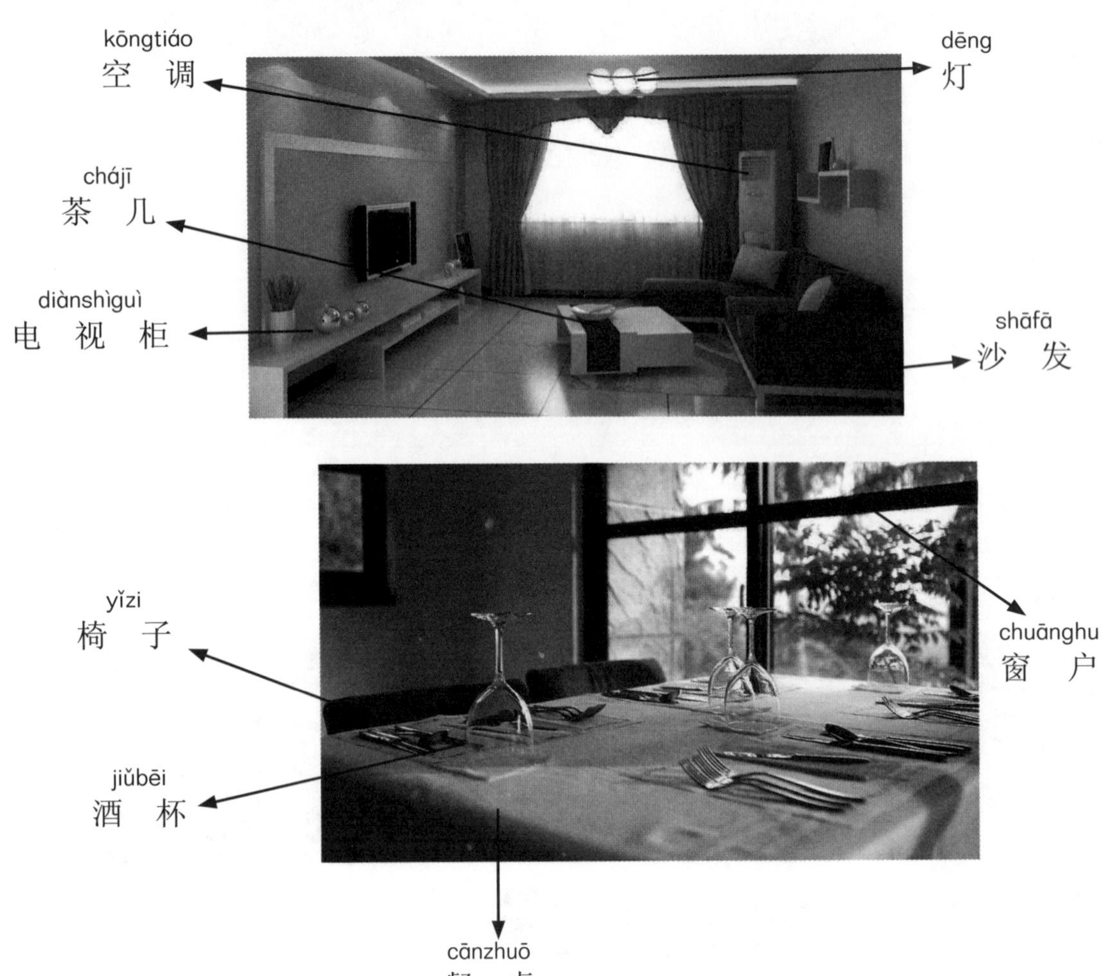
kōngtiáo
空 调
dēng
灯
chájī
茶 几
diànshìguì
电 视 柜
shāfā
沙 发
yǐzi
椅 子
chuānghu
窗 户
jiǔbēi
酒 杯
cānzhuō
餐 桌

dì sì kè
第四课

Zuì xǐhuan de jìjié
最喜欢的季节

shēngcí
生　词　New Words

1	过	guò	动	to spend	过春节、过生日
2	春节	Chūnjié	名	Spring Festival	过春节
3	饺子	jiǎozi	名	dumpling	吃饺子、一盘饺子
4	鞭炮	biānpào	名	fire cracker	放鞭炮
5	晚会	wǎnhuì	名	evening party	举行晚会
6	接着	jiēzhe	副	continuously	接着说、接着写
7	信封	xìnfēng	名	envelope	信封里、信封上
8	装	zhuāng	动	to be filled with	装着钱
9	平安	píng'ān	形	safe	一路平安
10	吓	xià	动	to scare	吓人
11	差点儿	chàdiǎnr	副	almost	差点儿丢了
12	随时	suíshí	副	at any time	雨随时都会下

bǔchōng shēngcí
补充生词 Supplementary Words

1	长辈	zhǎngbèi	名	elder	我的长辈
2	压岁钱	yāsuìqián	名	money given to children as a Spring Festival gift	给压岁钱
3	噼里啪啦	pīlipālā	拟	(mimetic word)	噼里啪啦响
4	哎呀	āiyā	叹	ah	

kèwén
课文 Text

Guò Chūnjié
(一)过春节

Měiluó: Tīngshuō nǐ qù Wáng Lì jiā guò Chūnjié la?
美罗：听说你去王丽家过春节啦？

Dàwèi: Shì a!
大卫：是啊！

Měiluó: Kuài gēn wǒ shuōshuo Zhōngguórén zěnme guò Chūnjié.
美罗：快跟我说说中国人怎么过春节。

Dàwèi: Kě rènao le! Dàjiā yìqǐ chī jiǎozi, fàng biānpào, kàn Chūnwǎn…
大卫：可热闹了！大家一起吃饺子、放鞭炮、看春晚……

Měiluó: Děngděng, kàn Chūnwǎn? Shénme shì Chūnwǎn a?
美罗：等等，看春晚？什么是春晚啊？

Dàwèi: Jiùshì diànshì lǐ de Chūnjié wǎnhuì.
大卫：就是电视里的春节晚会。

Měiluó: Ò! Nǐ jiēzhe shuō, háiyǒu shénme tèbié de?
美罗：哦！你接着说，还有什么特别的？

Dàwèi: Wáng Lì de fùmǔ gěile wǒ yí gè hóngbāo.
大卫：王丽的父母给了我一个红包。

Měiluó: Hóngbāo? Hóngsè de shūbāo ma?
美罗：红包？红色的书包吗？

Dàwèi: Bú shì, shì hóngsè de xiǎo xìnfēng, lǐmiàn zhuāngzhe qián, tāmen gàosu wǒ zhè shì "yāsuìqián".
大卫：不是，是红色的小信封，里面装着钱，他们告诉我这是“压岁钱”。

Měiluó: "Yāsuìqián" wǒ tīngshuō guò, shì zhǎngbèi gěi háizimen de, xīwàng háizimen píngpíng-ān'ān de guò xīn de yì nián.
美　罗：“压岁钱”我听说过，是长辈给孩子们的，希望孩子们平平安安地过新的一年。

(Pīlipālā……)
（噼里啪啦……）

Měiluó: Āiyā! Shénme shēngyīn? Tài xiàrén le.
美　罗：哎呀！什么声音？太吓人了。

Dàwèi: Bié pà! Wàimiàn fàng biānpào ne!
大　卫：别怕！外面放鞭炮呢！

Měiluó: Chàdiǎnr wàng le, xiànzài shì Chūnjié. Suíshí dōu kěnéng yǒu biānpào shēng.
美　罗：差点儿忘了，现在是春节。随时都可能有鞭炮声。

Dàwèi: Shì a, zhège jiérì hái zhēn shì rènao!
大　卫：是啊，这个节日还真是热闹！

xuéxue liànlian
学学练练 Learn and Practice

一、根据课文回答问题 Answer the following questions according to the text

1. 春节时大卫在王丽家做什么了？
2. “春晚”是什么意思？
3. “红包”是什么？
4. 中国人为什么给孩子们“压岁钱”？
5. 美罗为什么害怕？

二、根据课文完成下面的句子 Complete the sentences according to the text

大卫去________，和他们一起________、________、________，“春晚”是________。王丽的父母还给了大卫________。“红包”不是________，而是________，这里面的钱叫________。春节时长辈送给________，希望________。美罗听到了吓人的________，这声音是________。春节是一个________，随时________。

三、说一说 Let's talk

1. 你在中国过过春节吗？今年的春节你打算怎么过？
2. 在你的国家最重要的节日在什么时候？
（如：中国最重要的节日是春节，大概一二月的时候。）

shēngcí
生 词 New Words

1	预报	yùbào	名	forecast	天气预报
2	难道	nándào	副	Don't you...?	
3	温度	wēndù	名	temperature	最高温度
4	度	dù	量	（a unit of measurement for temperature）	23 度
5	根本	gēnběn	副	completely；at all	根本不懂
6	猜	cāi	动	to guess	你猜猜
7	到时	dàoshí	副	then	

bǔchōng shēngcí
补 充 生 词 Supplementary Words

1	滑雪	huáxuě	动	to ski	喜欢滑雪
2	溜冰	liūbīng	动	to skate	溜冰很有意思
3	打雪仗	dǎ xuězhàng	动	to have a snowball fight	一起打雪仗

kèwén

课文 Text

Hǎo lěng a !

(二)好冷啊!

Lāfǎ : Jīntiān hǎo lěng a !
拉法:今天好冷啊!

Lǐ Qí : Shì a , tiānqì yùbào shuō xià xīngqī huì gèng lěng .
李奇:是啊,天气预报说下星期会更冷。

Lāfǎ : Tiān a ! Wǒ zhēn bù xǐhuan zhèyàng de tiānqì .
拉法:天啊!我真不喜欢这样的天气。

Lǐ Qí : Nándào shuō nǐ xǐhuan xiàtiān ?
李奇:难道说你喜欢夏天?

Lāfǎ : Yě bú shì , xiàtiān tài rè le , chūntiān hé qiūtiān bǐjiào hǎo , bù lěng yě bú rè .
拉法:也不是,夏天太热了,春天和秋天比较好,不冷也不热。

Lǐ Qí : Wǒ gēn nǐ xǐhuan de jìjié bù tóng . Wǒ zuì xǐhuan dōngtiān , suīrán lěng , dànshì xià xuě de shíhou kěyǐ huáxuě 、 liūbīng 、 dǎ xuězhàng shénme de , kě yǒu yìsi le !
李奇:我跟你喜欢的季节不同。我最喜欢冬天,虽然冷,但是下雪的时候可以滑雪、溜冰、打雪仗什么的,可有意思了!

Lāfǎ : Dōngtiān zhēn nàme hǎowánr ma ? Zěnme hái bú xià xuě ya ?
拉法:冬天真那么好玩儿吗?怎么还不下雪呀?

Lǐ Qí : Nǐ shì bú shì méi jiàn guo xià xuě ya ?
李奇:你是不是没见过下雪呀?

Lāfǎ : Kě bú shì ! Zài wǒ de guójiā , yì nián zhōng zuì dī wēndù shì èrshí dù , gēnběn méiyǒu dōngtiān , zěnme kěnéng xià xuě ne ?
拉法:可不是!在我的国家,一年中最低温度是二十度,根本没有冬天,怎么可能下雪呢?

Lǐ Qí : Jīnnián nǐ jiù yǒu jīhuì kànjiàn la ! Wǒ cāi dàoshí nǐ yídìng huì xǐhuan zhège jìjié .
李奇:今年你就有机会看见啦!我猜到时你一定会喜欢这个季节。

xuéxue liànlian
学 学 练 练 Learn and Practice

一、根据课文回答问题 Answer the following questions according to the text

1. 现在是什么季节？
2. 拉法喜欢什么季节？为什么？
3. 李奇喜欢什么季节？为什么？
4. 在拉法的国家天气和这里有什么不一样？

二、根据课文完成下面的句子 Complete the sentences according to the text

今天的天气______，天气预报说______。拉法不喜欢______，他喜欢______，因为______。李奇喜欢的季节跟______，他最喜欢______，因为______，很有意思。拉法没有见过下雪，因为他的国家______。今年拉法有机会看见______，李奇觉得拉法______。

三、说一说 Let's talk

1. 你们国家有几个季节？每个季节天气有什么不同？
2. 你最喜欢哪个季节？为什么？

gōngnéng xiàngmù
功 能 项 目 Functions

一、程度表达 To express degree or state（除了用"很""非常"表示程度以外，还可以使用其他词语）

1. 这个节日还真是热闹！
2. 今天好冷啊！
3. 我真不喜欢这样的天气。
4. 夏天太热了。
5. 春天和秋天比较好。
6. 可有意思了！
7. 天气预报说下个星期会更冷。
8. 一年中最低温度是 20 度。

二、表示解释　To express explanation and interpretation（当别人不明白某个词语是什么意思时，需要做出解释）

1.“春晚”就是电视里的春节晚会。

2.“红包”是红色的小信封，里面装着钱，他们告诉我这是“压岁钱”。

3.“压岁钱”我听说过，是长辈给孩子们的，希望孩子们平平安安地过新的一年。

三、表示推测（2）　To indicate conjecture(2)（根据别人说的话，做出猜测）

1. 难道说你喜欢夏天？

2. 你是不是没见过下雪呀？

3. 我猜到时你一定会喜欢这个季节。

liàn yí liàn
练 一 练　Exercises

一、朗读词语　Read the phrases

1. huáxuě 滑雪　liūbīng 溜冰　dǎ xuězhàng 打雪仗　duī xuěrén 堆雪人

2. qíngyīn 晴阴　wùmái 雾霾　léizhènyǔ 雷阵雨　bàofēngxuě 暴风雪

3. Xī'ān 西安　Tiānjīn 天津　Guǎngzhōu 广州　Xiānggǎng 香港　Hārbīn 哈尔滨

二、替换和扩展　Substitution and extension

1. A：天啊！我真不喜欢这样的冷天气。

　B：难道说你喜欢夏天？

A	B
你穿得太多了	你不怕冷
我不喜欢吃这种甜面包	……
自己做饭真麻烦	……
……	你喜欢待在家里
……	你爱买贵的东西

2. 冬天虽然冷，但是可以滑雪、溜冰、打雪仗什么的，可有意思了！

爷爷	年纪大	身体很健康
我	……	还坚持……
外面	正在下雨	……
这只小狗	……	……
我们国家	……	……

3. A：红包？红色的书包吗？

B：不是，是红色的小信封，里面装着钱。

A		B
春晚	春天的晚上吗	……
北大	……	是北京大学
……	是最小的姐姐吗	……
……	……	是我家小猫的名字

三、根据图片，用给出的词语说一个句子 Say a sentence about the picture with given words

1. 新鲜、可 →________________

2. 安静、极 →

3. 幸福、真 →________________

4. 难吃、最 →________________________________

5. 长、好 →________________________________

四、句子匹配　Match the sentences

例如：明天安娜去北京。 [F]

A. 当然了，他是咱们学校唱歌最好听的人。

B. 没有，我家只吃牛羊肉。

C. 昨天也这么说，但是今天没有下。

D. 是啊，那里冷不冷？

E. 他在中国很有名吗？

F. 她去中国朋友家。

1. 难道说你没吃过鸡肉？ □
2. 你是不是没去过北方呀？ □
3. 我猜你应该认识成龙。 □
4. 天气预报说明天有雪。 □
5. 他的歌唱得真好！ □

五、完成对话 Complete the dialogues

1. A：我希望有一天能开一家超市。
   B：我和你不一样，______________。
   A：也很好啊！
   B：以后______________。
   A：没问题。
2. A：这儿有面条、饺子和米饭，你想吃点什么？
   B：______________？
   A：你是不是没吃过饺子呀？
   B：可不是，______________。
   A：现在你就有机会吃啦。点一份尝尝，怎么样？
   B：好啊！
   A：我猜你______________。

六、小组讨论 Group discussion

3~5 人一组，介绍一下什么季节去你的国家旅行最合适，为什么。

七、问一问，说一说 Ask and talk

问问你的中国朋友或者其他中国人，春节时他们常常做什么？在中国还有哪些节日？他们最喜欢哪个节日？

	春节时常做什么	中国的节日	最喜欢的节日
第一个人			
第二个人			
第三个人			

八、你知道吗 Do you know

qíng
晴

duōyún
多 云

xiǎoyǔ zhōngyǔ dàyǔ
小 雨 / 中 雨 / 大 雨

léizhènyǔ
雷 阵 雨

xuě
雪

北京明天白天晴，最高温度 7 度，最低温度 -4 度；上海明天白天多云，最高温度 13 度，最低温度 5 度；……你能试着介绍一下香港和哈尔滨的天气吗？

城市	北京	上海	香港	哈尔滨
天气	-4~ 7℃	5~13℃	25~28℃	-9~ 0℃

dì wǔ kè
第五课

Bié diǎn zhème duō
别点这么多

shēngcí
生 词 New Words

1	位置	wèizhì	名	location, place, site	重要位置
2	黄金周	huángjīnzhōu	名	golden week	十一黄金周
3	估计	gūjì	动	to estimate	估计他不来了
4	满	mǎn	形	full	满满一桌子菜
5	光临	guānglín	动	to presence(of a guest)	欢迎光临
6	吵	chǎo	形 / 动	noisy, to squabble/quarrel	太吵了
7	靠	kào	动	get close to, be near to	靠左走
8	窗户	chuānghu	名	window	开窗户、关窗户
9	座位	zuòwèi	名	seat	空座位
10	特色	tèsè	名	feature, characteristic	特色食品

bǔchōng shēngcí

补充生词 Supplementary Words

1	大厅	dàtīng	名	hall, lobby	酒店大厅、宾馆大厅
2	单间	dānjiān	名	separate room, single room	预订一个单间

kèwén

课文 Text

Hái yǒu dānjiān ma

（一）还有单间吗

Āmǐěr: Zhì'ān, nǐ dào nǎr le?
阿米尔：志安，你到哪儿了？

Piáo Zhì'ān: Wǒ mǎshàng jiù dào. Nǐ dàole ma? Dào le jiù zài ménkǒu děng wǒ yíhuìr ba.
朴志安：我马上就到。你到了吗？到了就在门口等我一会儿吧。

Āmǐěr: Wǒ háishi xiān jìnqù zhǎo gè wèizhi ba, píngshí zài zhèr chīfàn de rén jiù duō, jiā shàng xiànzài yòu shì huángjīnzhōu, gūjì lǐmiàn kuài zuò mǎn le.
阿米尔：我还是先进去找个位置吧，平时在这儿吃饭的人就多，加上现在又是黄金周，估计里面快坐满了。

Piáo Zhì'ān: Hǎo de!
朴志安：好的！

Fúwùyuán: Huānyíng guānglín! Xiānsheng nín hǎo! Nín jǐ wèi yòngcān?
服务员：欢迎光临！先生您好！您几位用餐？

Āmǐěr: Liǎng wèi. Qǐng wèn hái yǒu dānjiān ma?
阿米尔：两位。请问还有单间吗？

Fúwùyuán: Wǒmen de dānjiān dōu shì shí rén zhuō. Nín jiù liǎng wèi, zuò dàtīng kěyǐ ma?
服务员：我们的单间都是十人桌。您就两位，坐大厅可以吗？

Āmǐěr: Nà xíng ba! Ménkǒu tài chǎo le, bāng wǒ zhǎo yí gè kào chuānghu de zuòwèi.
阿米尔：那行吧！门口太吵了，帮我找一个靠窗户的座位。

Fúwùyuán: Hǎo, xiānsheng, nín zhèbiān qǐng. (Zǒu dào zuòwèi.)
服务员：好，先生，您这边请。（走到座位。）

Qǐng zuò, zhè shì wǒmen de càidān. Zhèxiē shì wǒmen zhèlǐ de tèsècài.
请坐，这是我们的菜单。这些是我们这里的特色菜。

Āmǐěr: Xiān fàng zài zhèr ba, wǒ de péngyou hái méi dào, děng tā láile wǒmen zài diǎn cài.
阿米尔：先放在这儿吧，我的朋友还没到，等他来了我们再点菜。

Fúwùyuán: Hǎo de, rúguǒ nín yǒu shénme xūyào, jiù suíshí jiào wǒ.
服务员：好的，如果您有什么需要，就随时叫我。

xuéxue liànlian
学学练练 Learn and Practice

一、根据课文回答问题 Answer the following questions according to the text

1. 今天来吃饭的人为什么这么多？
2. 阿米尔他们可以坐单间吗？
3. 阿米尔想坐在大厅哪儿？为什么？
4. 阿米尔点菜了吗？为什么？

二、根据课文完成下面的句子 Complete the sentences according to the text

今天阿米尔和朴志安________，阿米尔先到了，他打算先________，因为估计今天________。阿米尔进去后，想______________，但是单间______________，他只能____________。最后阿米尔坐在了窗户旁边的座位，他觉得那儿________。坐下后阿米尔没有马上点菜，他想__________。

三、说一说 Let's talk

1. 你喜欢吃什么菜？（如：鱼香肉丝、饺子）
2. 请你跟同学表演一下儿给饭店打电话订座位。

生　词 New Words
shēngcí

1	鸡	jī	名	chicken，chook	公鸡、母鸡、鸡蛋
2	尝	cháng	动	to taste	尝一尝、尝一下儿
3	粗心	cūxīn	形	careless	粗心的人
4	不过	búguò	连	but	
5	份	fèn	量	a set of meal	一份饭
6	打包	dǎbāo	动	to pack/package	这个菜请帮我打包
7	浪费	làngfèi	动	to waste	浪费时间
8	够	gòu	副	to suffice	够吃、够用
9	挺	tǐng	副	very，quite，pretty，rather	今天挺冷
10	干杯	gānbēi	动	to drink a toast，cheers	为健康干杯
11	味道	wèidào	名	taste	这个菜的味道好极了
12	买单	mǎidān	动	to pay the bill	服务员，买单

补　充　生　词 Supplementary Words
bǔchōng shēngcí

1	哎呦	āiyōu	叹	whoops	
2	哦	ò	叹	oh	
3	鱼香肉丝	Yúxiāngròusī	名	shredded pork with garlic sauce	一盘鱼香肉丝
4	无鱼不成席	wú yú bù chéng xí		A feast is not a feast without fish.	

kèwén

课文 Text

Wú yú bù chéng xí

(二)无鱼不成席

Āmǐěr: Zhè shì càidān, nǐ kànkan xiǎng chī shénme?
阿米尔：这是菜单，你看看想吃什么？

Piáo Zhì'ān: Āiyōu, zhè càidān shàng de zì tài nán le, wǒ dōu kàn bù dǒng. Zhǐ néng kàn dǒng "jī, yú, ròu"…… Zánmen jiù lái zhè ge cài ba! "Yúxiāngròuxiē".
朴志安：哎哟，这菜单上的字太难了，我都看不懂。只能看懂"鸡、鱼、肉"……咱们就来这个菜吧！"鱼香肉些"。

Āmǐěr: "Yúxiāngròuxiē"? Zhè shì shénme cài? Wǒ zěnme bù zhīdào. Ná guòlái gěi wǒ kànkan, zhèyàng wǒ kàn bù qīngchu.
阿米尔："鱼香肉些"？这是什么菜？我怎么不知道。拿过来给我看看，这样我看不清楚。

(Āmǐěr kàn le kàn càidān.)
（阿米尔看了看菜单。）

Āmǐěr: Ò, zhè shì Yúxiāngròusī, nǐ dú chéng "Yúxiāngròuxiē" le. Zhè ge cài hěn yǒumíng, lái yí gè chángchang.
阿米尔：哦，这是鱼香肉丝，你读成"鱼香肉些"了。这个菜很有名，来一个尝尝。

Piáo Zhì'ān: Wǒ zhēn cūxīn, búguò nǐ de Hànyǔ kě zhēn hǎo, zhème nán de càidān nǐ dōu néng kàn dǒng.
朴志安：我真粗心，不过你的汉语可真好，这么难的菜单你都能看懂。

Āmǐěr: Nǎlǐ nǎlǐ, yǒu de wǒ yě kàn bù dǒng. Zánmen zài yào fèn Běijīngkǎoyā, zěnmeyàng?
阿米尔：哪里哪里，有的我也看不懂。咱们再要份北京烤鸭，怎么样？

Piáo Zhì'ān: Hǎo a!
朴志安：好啊！

Āmǐěr: Zánmen diǎn tiáo yú ba! Zhōngguórén cháng shuō, wú yú bù chéng xí.
阿米尔：咱们点条鱼吧！中国人常说，无鱼不成席。

Piáo Zhì'ān: Bié diǎn zhème duō, zánliǎ chī bù wán.
朴志安：别点这么多，咱俩吃不完。

Āmǐěr: Méiguānxi, chī bù wán kěyǐ dǎbāo.
阿米尔：没关系，吃不完可以打包。

Piáo Zhì'ān: Nà duō làngfèi a!
朴志安：那多浪费啊！

Āmǐěr: Nà hǎo, xiān yào zhèxiē, bú gòu zài jiā!
阿米尔：那好，先要这些，不够再加！

(Shí fènzhōng hòu)
（十分钟后）

Piáo Zhì'ān: Cài shàng de hái tǐng kuài, zánmen gānbēi!
朴志安：菜上得还挺快，咱们干杯！

Āmǐěr: Gānbēi!
阿米尔：干杯！

(Yí gè xiǎoshí hòu)
（一个小时后）

Āmǐěr: Chī bǎo le ma? Hái xūyào jiā cài ma?
阿米尔：吃饱了吗？还需要加菜吗？

Piáo Zhì'ān: Bú yòng le, chī hǎo le, zhèr de cài wèidào zhēn búcuò!
朴志安：不用了，吃好了，这儿的菜味道真不错！

Āmǐěr: Shì a! Nà zánmen mǎidān zǒu ba!
阿米尔：是啊！那咱们买单走吧！

xuéxue liànlian
学学练练 Learn and Practice

一、根据课文回答问题 Answer the following questions according to the text

1. 朴志安为什么会看错菜名？
2. 你知道“无鱼不成席”的意思吗？
3. 他们一共点了几个菜？都是什么菜？这些菜够吃吗？

二、根据课文完成下面的句子 Complete the sentences according to the text

朴志安和阿米尔今天________，他们点了________、________和________。这家饭店的菜______。______的时候，阿米尔闹了一个笑话，________读成________了。

三、说一说　Let's talk

1. 在中国"无鱼不成席",在你的国家很多人一起吃饭时,一定要点什么菜?
2. 请给大家介绍一个你觉得好的饭馆。

功能项目 Functions

gōngnéng xiàngmù

一、"吧" 表示商量、提议、请求、同意等　"吧" is used to express discussion, advice, request, agreement, etc.("吧"放在句子的最后,有提出建议的意思。)

1. 到了就在门口等我一会儿吧。
2. 我还是先进去找个位置吧。
3. 先放在这儿吧。

二、餐厅就餐常用语　Common language in restaurant(到了饭店,你可以这样说……)

1. 订位用语　words of reservation

   请问您几位?

   请问有单间吗?

   门口太吵了,帮我找一个靠窗户的座位。

2. 就餐用语　words of having meal

   请坐,这是我们的菜单。这些是我们这里的特色菜。

   这是菜单,你看看想吃什么?

   这个菜很有名,来一个尝尝。

   咱们再要份北京烤鸭怎么样?

   咱们点条鱼吧!

3. 餐后用语 words after the meal

打包！

没关系，吃不完我们可以打包。

请问有餐盒吗？

买单！

结账！

一共多少钱？

请给我开发票。

liàn yí liàn
练 一 练 Exercises

一、朗读词语 Read the phrases

yuánxiāo 1. 元宵	dòujiāng 豆浆	yóutiáo 油条	chǎofàn 炒饭	dòufu 豆腐
bǐnggān 2. 饼干	shǔtiáo 薯条	hànbǎo 汉堡	zhájī 炸鸡	pīsa 披萨
wàimài 3. 外卖	cānhé 餐盒	jiézhàng 结账	mǎidān 买单	fāpiào 发票

二、替换和扩展 Substitution and extension

1. 你到了吗？到了就在门口等我一会儿吧。

你写完作业	写完了	帮帮我
课文你看懂	……	……
……	找到了	帮我找找
……	吃完了	……

2. 平时在这儿吃饭的人就多，加上现在又是黄金周，估计里面快坐满了。

学习的人	要考试了	已经没有空座了
看电影的人	……	已经没有票了
……	放暑假	……
……	……	早就卖完了

3. A: 您几位用餐？

B: 两位。

A	B
请问有单间吗	……
咱们点条鱼吧	……
……	餐盒 2 块一个
……	一共 218 元

三、根据图片，用给出的词语说一个句子 Say a sentence about the picture with given words

1. 等、吧 → 

2. 照片、吧 → 

3. 完、作业 → 

4. 见、跑步 → 

5. 课、懂 → ______________________________

6. 看完、放好 → ______________________________

四、完成对话　Complete the dialogues

1. A: 你好！请问你们有 15 人桌的单间吗？
   B: 有，____________________？
   A: 星期六晚上六点半。需要交押金（yājīn，**deposit**）吗？
   B: ______，但是我们只能为您留 30 分钟。
   A: ____________________。
2. A: ____________________？
   B: 这些都是我们的特色菜。
   A: 这些都是辣菜啊！__________？
   B: 那您再看看这几道菜，都不错。
   A: ____________________。
3. A: ____________________。
   B: 先生，一共是 248 块。
   A: 再给我两个餐盒打包。
   B: 好，__________？
   A: 不需要发票了，谢谢！

五、句子匹配　Match the sentences

例如：明天安娜去北京。　　F

A. 最多可以坐 12 个人！

B. 味道不错，不过有点儿贵。

C. 好啊！这是这里的特色菜。

D. 吃不了就打包！

E. 一共 320 块。

F. 她去中国朋友家。

1. 别点这么多，咱们吃不了！ □

2. 结账！ □

3. 单间可以坐多少人？ □

4. 咱们点条鱼吧！ □

5. 这家饭店的菜怎么样？ □

六、说一说　Let's talk

1. 说说你吃过哪些中国菜，味道怎么样。

2. 说说在不同的节日中国人会吃哪些东西？（比如：在中国春节时北方人会吃饺子……）

3. 介绍一下你们国家有什么好吃的。（比如：常吃什么菜，喜欢什么味道……）

七、角色扮演　Role play

3~5 人一组，分别扮演服务员和客人，表演在餐厅点菜。（提示：这是菜单、请问……、还需要……、特色菜是……、来一个……、有没有……、买单。）

八、你知道吗　Do you know

这些味道怎么说？

suān
酸

tián
甜

kǔ
苦

là
辣

xián
咸

中国四大菜系分别指什么？

Lǔcài　Tángcùlǐyú　Jiǔzhuǎncháng

1. 鲁菜指山东菜，味道以咸鲜为主，最具代表性的特色菜有糖醋鲤鱼、九转肠等。

Chuāncài　Gōngbǎojīdīng　Yúxiāngròusī　Shuǐzhǔyú

2. 川菜也就是四川菜，它的特点是麻、辣，代表菜品有宫保鸡丁、鱼香肉丝、水煮鱼等。

Huáiyángcài　Shīzitóu　Yángzhōuchǎofàn

3. 淮扬菜，是指淮安和扬州地区的美食，口味清淡、微甜，特色菜有狮子头、扬州炒饭等。

Yuè cài　Kǎorǔzhū　Xiājiǎo

4. 粤菜，指广东地方风味菜，味道清淡鲜美，不油腻，著名的菜品有烤乳猪、虾饺等。

dì liù kè

第六课

Wǒ yào qù lǚxíng (yī)

我要去旅行（一）

shēngcí

生　词　New Words

1	放暑假	fàng shǔjià	动	to have summer holiday	还没放暑假
2	团	tuán	名	group	旅游团
3	自助游	zìzhùyóu	名	self-help travel	选择自助游
4	限制	xiànzhì	名	limit	时间限制
5	导游	dǎoyóu	名	tour guide	一名导游
6	专车	zhuānchē	名	special car	一辆专车
7	不但	búdàn	连	not only	不但……而且……
8	安全	ānquán	形	safe	很安全
9	节约	jiéyuē	动	to economize	节约时间
10	旅行社	lǚxíngshè	名	travel agency	找旅行社
11	当地	dāngdì	名	local	当地时间

bǔchōng shēngcí
补充生词 Supplementary Words

1	昆明	Kūnmíng	名	Kunming	去昆明

kèwén
课文 Text

Lǚxíng jìhuà
(一)旅行计划

Lǐ Qí: Mǎshàng fàng shǔjià le, nǐ yǒu shénme jìhuà?
李奇：马上放暑假了，你有什么计划？

Měiluó: Wǒ dǎsuàn qù Yúnnán wánr. Zhège jìjié qù Yúnnán hǎo ma?
美罗：我打算去云南玩儿。这个季节去云南好吗？

Lǐ Qí: Hái xíng ba, búguò yǔshuǐ bǐjiào duō.
李奇：还行吧，不过雨水比较多。

Měiluó: Méi bànfǎ, wǒ zhǐyǒu zhège shíjiān héshì.
美罗：没办法，我只有这个时间合适。

Lǐ Qí: Nǐ xiǎng qù duō cháng shíjiān?
李奇：你想去多长时间？

Měiluó: Dàgài yì zhōu ba. Duì le, nǐ shuō wǒ shì gēn tuán lǚyóu hǎo háishi zìzhùyóu hǎo?
美罗：大概一周吧。对了，你说我是跟团旅游好还是自助游好？

Lǐ Qí: Nǐ shì dì yī cì qù Yúnnán wánr, érqiě yǒu shíjiān xiànzhì, suǒyǐ nǐ zuìhǎo gēn tuán lǚyóu.
李奇：你是第一次去云南玩儿，而且有时间限制，所以你最好跟团旅游。

Měiluó: Kěshì wǒ tīngshuō hěn duō Zhōngguórén qù Yúnnán dōu xuǎnzé zìzhùyóu, yīnwèi gēn tuán méiyǒu nàme zìyóu.
美罗：可是我听说很多中国人去云南都选择自助游，因为跟团没有那么自由。

Lǐ Qí: Shì zhèyàng, rúguǒ gēn tuán lǚyóu de huà, nǐ jiù huì yǒu zhèyàng de wèntí. Dànshì gēn tuán lǚyóu yǒu dǎoyóu hái yǒu
李奇：是这样，如果跟团旅游的话，你就会有这样的问题。但是跟团旅游有导游还有

zhuānchē , zhèyàng búdàn fāngbian érqiě ānquán , hái néng jiéyuē
专 车 ， 这 样 不 但 方 便 而 且 安 全 ， 还 能 节 约

shíjiān .
时 间 。

Měiluó : Yě shì . Nǎge lǚxíngshè bǐjiào hǎo ne ?
美 罗： 也 是 。 哪 个 旅 行 社 比 较 好 呢 ？

Lǐ Qí : Nǐ kěyǐ xiān qù Kūnmíng , dào Kūnmíng hòu xuǎnzé dāngdì dà
李 奇： 你 可 以 先 去 昆 明 ， 到 昆 明 后 选 择 当 地 大

yìdiǎnr de lǚxíngshè .
一 点 儿 的 旅 行 社 。

Měiluó : Hǎo de .
美 罗： 好 的 。

xuéxue liànlian

学 学 练 练 Learn and Practice

一、根据课文回答问题 Answer the following questions according to the text

1. 美罗暑假有什么计划？
2. 暑假去云南怎么样？
3. 为什么李奇建议美罗跟团旅游？
4. 跟团旅游有什么好处和坏处？
5. 美罗应该怎么选择旅行社？

二、根据课文完成下面的句子 Complete the sentences according to the text

马上________，美罗_______去云南玩儿，但是她不知道是跟团去还是______。李奇觉得她是________去云南，而且有时间__________，就建议她____________。虽然跟团没有那么________，但是跟团游__________还有________，这样________方便又________，还能________时间。

三、说一说 Let's talk

1. 说说你想去哪儿旅游？
2. 你喜欢一个人旅游吗？为什么？

shēngcí
生　词　New Words

1	酒店	jiǔdiàn	名	hotel	酒店经理
2	预订	yùdìng	动	to reserve/book	预订房间
3	样	yàng	名	type	多种多样
4	单人间	dānrénjiān	名	single room	一间单人间
5	入住	rùzhù	动	to check in	入住酒店
6	退	tuì	动	to give back	退房
7	剩	shèng	动	to remain/be left over	剩下
8	标准	biāozhǔn	形	standard	标准间
9	确认	quèrèn	动	to confirm	确认一下儿

kèwén
课　文　Text

Yùdìng fángjiān
(二)预订房间

(Měiluó gěi jiǔdiàn dǎ diànhuà yùdìng fángjiān .)
(美罗给酒店打电话预订房间。)

Měiluó: Wèi, nǐ hǎo, wǒ xiǎng yùdìng yí gè fángjiān.
美罗：喂，你好，我想预订一个房间。

Fúwùyuán: Nín yào shénmeyàng de?
服务员：您要什么样的？

Měiluó: Wǒ xiǎng yào yí gè dānrénjiān.
美罗：我想要一个单人间。

Fúwùyuán: Qǐng shuō yí xià rùzhù hé tuìfáng de shíjiān.
服务员：请说一下入住和退房的时间。

Měiluó: Qī yuè sānshí hào rùzhù, bā yuè èr hào tuìfáng.
美　罗：七月三十号入住，八月二号退房。

Fúwùyuán: Zhè duàn shíjiān wǒmen dānrénjiān dōu dìng mǎn le, zhǐ shèng yí gè biāozhǔnjiān le.
服务员：这段时间我们单人间都订满了，只剩一个标准间了。

Měiluó: Biāozhǔnjiān duōshao qián?
美　罗：标准间多少钱？

Fúwùyuán: Sānbǎi wǔshí yuán yì tiān.
服务员：三百五十元一天。

Měiluó: Kěyǐ dǎzhé ma?
美　罗：可以打折吗？

Fúwùyuán: Yào shì nín xiànzài dìng de huà, jiù néng dǎ jiǔ zhé.
服务员：要是您现在订的话，就能打九折。

Měiluó: Hǎo, wǒ dìng yí gè biāozhǔnjiān.
美　罗：好，我订一个标准间。

Fúwùyuán: Qǐng shuō yí xià nín de xìngmíng hé diànhuà.
服务员：请说一下您的姓名和电话。

Měiluó: Wǒ jiào Měiluó. Diànhuà shì yāo sān bā yāo yāo yāo bā bā bā bā bā.
美　罗：我叫美罗。电话是13811188888。

Fúwùyuán: Hǎo de, Měiluó xiǎojiě, yǐjīng bāng nín yùdìng hǎo le, wǒ zài gēn nín quèrèn yí xià, nín yùdìng de shì ⋯
服务员：好的，美罗小姐，已经帮您预订好了，我再跟您确认一下，您预订的是……

xuéxue liànlian
学学练练 Learn and Practice

一、根据课文回答问题 Answer the following questions according to the text

1. 美罗在干什么？
2. 她想订什么样的房间？
3. 她订到想要的房间了吗？为什么？
4. 她什么时候入住酒店？住几晚？

5. 美罗现在订标准间的话，多少钱一天？

二、根据课文完成下面的句子 Complete the sentences according to the text

美罗想______一个房间。7 月 30 号______，8 月 2 号______。但这段时间______都了，只______一个______了。所以美罗最后订了一个_______，350 元______。她订的时候服务员给她打了_____。

三、说一说 Let's talk

1. 你知道酒店里分哪儿种房间吗？
2. 和你的同桌表演一下怎么打电话订酒店。

功能项目 Functions

gōngnéng xiàngmù

一、意图和打算 Intention and plan（考虑做一件事儿或者有一个计划）

1. 你有什么计划？
2. 我打算去云南玩儿。
3. 你想去多长时间？大概一周吧。

二、假设 Hypothesis（假设一种情况）

1. 如果跟团旅游的话，你就会有这样的问题。
2. 要是您现在订的话，就能打九折。

三、说明原因 To explain the reason（用来给出原因）

1. 你是第一次去云南玩儿，而且有时间限制，所以你最好是跟团旅游。
2. 可是我听说很多中国人去云南都选择自助游，因为跟团没有那么自由。

四、转折 Transition（意思从一个方向转到另一个方向）

1. 可是我听说很多中国人去云南都选择自助游。
2. 但是跟团旅游有导游还有专车。

liàn yí liàn
练 一 练 Exercises

一、朗读词语 Read the phrases

1. qióngyóu 穷游　lǘyǒu 驴友　bēibāokè 背包客　lǚxínggōnglüè 旅行攻略
2. Kūnmíng 昆明　Dàlǐ 大理　Lìjiāng 丽江　Xīshuāngbǎnnà 西双版纳　Xiānggélǐlā 香格里拉
3. bīnguǎn 宾馆　guójì qīngnián lǚshè 国际青年旅舍　jiǔdiànshì gōngyù 酒店式公寓　wǔxīngjí jiǔdiàn 五星级酒店

二、替换和扩展 Substitution and extension

1. A：这个季节去云南好吗？

B：还行吧，不过雨水比较多。

A	B
这个电影	时间有点儿长
这本书	……
这家饭馆儿的菜	……
……	比较贵
……	颜色有点儿深

2. A：你想去多长时间？

B：大概一周吧。

A	B
买多少瓶水	10 瓶
玩儿多长时间游戏	……
看多长时间电视	……
……	20 个
……	500 米

3. A：你说我是跟团旅游好还是自助游好？

B：你是第一次去云南玩儿，而且有时间限制，所以你最好是跟团旅游。

A		B		
吃饺子	吃米饭	这儿的饺子很好吃	不贵	吃饺子
看电影	爬山	……	……	……
坐飞机	坐火车	……	……	……
……	……	住在校园里方便	安全	住在校园里
……	……	出国留学能积累经验	能交朋友	出国留学

三、读句子并根据提示说出更多的句子 Read the sentences and say more sentences according to the hints

1. 我打算

   我打算去云南玩儿。

   我打算______________________________。

   我打算______________________________。

   我打算______________________________。

2. 没办法

   没办法，我只有这个时间合适。

   没办法，______________________________。

   没办法，______________________________。

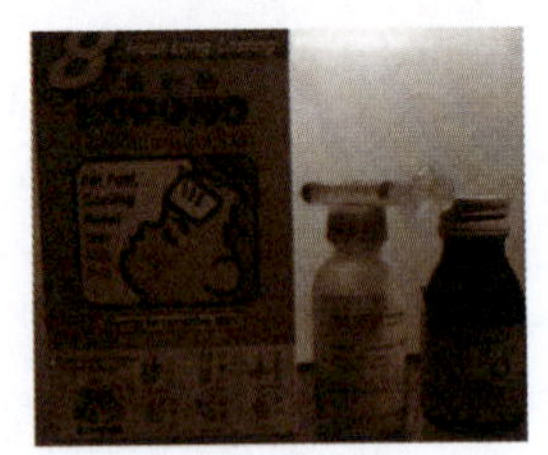

没办法，__________________________。

3. 我再跟您确认一下儿

我再跟您确认一下儿，您预订的是7月30号到8月2号的标准间，您的电话是13811188888。

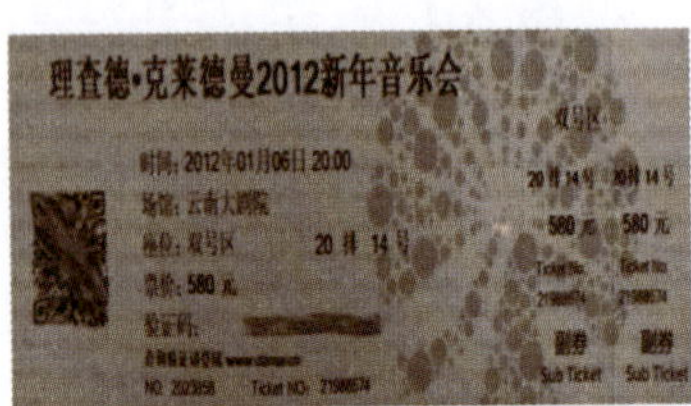

我再跟您确认一下儿，__________________________

我再跟您确认一下儿，__________________________

我再跟您确认一下儿，__________________________

（订桌时间：中午12:00）

四、句子匹配 Match the sentences

例如：明天安娜去北京。 [F]

A. 现在订，可以打五折。

B. 还没想好。

C. 不，我想跟团旅游。

D. 太好啦！

E. 不好意思，都订满了。

F. 她去中国朋友家。

1. 我们去旅游怎么样？ [ ]

2. 你周末有什么计划？ □

3. 我能订一个这周末的标准间吗？ □

4. 能打折吗？ □

5. 你打算一个人去旅游吗？ □

五、完成对话 Complete the dialogues

1. A: 马上放寒假了，你有什么计划？

   B: 我打算__________________。

   A: 冬天那儿不但可以_____而且______。

   B: 是啊，你以前去过吗？

   A: 没有，如果_________________？

   B: 没问题！

2. A: 我听说很多外国人都想去北京的故宫，因为____________。

   B: 是这样，如果你没_________，就不能说你去过中国。

   A: 但是我还听说节假日的时候一定不要去故宫，那儿不但______而且______。

   B: 是这样，所以你可以_________去。

六、小组讨论 Group discussion

你认为跟团旅游好还是自助游好？（提示：自由；限制；导游；专车；安全；节约；而且；但是；如果……，就……；不但……，而且……；因为……，所以……）

	好处	坏处	最终建议
跟团旅游好			
自助游好			

七、说一说 Let's talk

1. 说说你去过中国哪些城市。最喜欢的是哪个？为什么？
2. 说说你最喜欢的一次旅行。
3. 介绍你们国家有名的地方。

八、你知道吗 Do you know

biāozhǔnjiān
标 准 间

dānrénjiān
单 人 间

dàchuángjiān
大 床 间

zǒngtǒng tàofáng
总 统 套 房

cāntīng
餐 厅

xíngli cúnfàngchù
行 李 存 放 处

kāfēitīng
咖 啡 厅

diàntī
电 梯

dì qī kè
第七课

Wǒ yào qù lǚxíng (èr)
我要去旅行（二）

shēngcí
生词 New Words

1	稍等	shāoděng	动	to hold on	请稍等
2	查	chá	动	to check	查看
3	航班	hángbān	名	flight	航班号
4	特价	tèjià	名	bargain price	特价机票
5	经济	jīngjì	形	economical	经济舱
6	舱	cāng	名	cabin	经济舱
7	证件	zhèngjiàn	名	credentials	证件号码
8	号码	hàomǎ	名	number	电话号码
9	航空	hángkōng	名	aviation	航空公司

kèwén

课文 Text

Dìng fēijīpiào

(一)订飞机票

(Měiluó dǎ diànhuà yùdìng fēijīpiào.)
(美罗打电话预订飞机票。)

Fúwùyuán: Nín hǎo! Hěn gāoxìng wèi nín fúwù.
服务员:您好!很高兴为您服务。

Měiluó: Nǐ hǎo! Qǐng wèn yǒu qī yuè sānshí hào cóng Tiānjīn dào Kūnmíng de jīpiào ma?
美　罗:你好!请问有七月三十号从天津到昆明的机票吗?

Fúwùyuán: Qǐng shāo děng, wǒ chá yí xià. Yǒu liǎng gè hángbān.
服务员:请稍等,我查一下。有两个航班。

Měiluó: Dōu shì shénme shíjiān de?
美　罗:都是什么时间的?

Fúwùyuán: Yí gè shì bā diǎn bàn de, lìng yí gè shì shíqī diǎn yí kè de.
服务员:一个是八点半的,另一个是十七点一刻的。

Měiluó: Nǎgè hángbān dǎzhé?
美　罗:哪个航班打折?

Fúwùyuán: Xiàwǔ de hángbān yǒu tèjià jīpiào, jīngjìcāng dǎ wǔ zhé, yì zhāng bābǎi wǔshí kuài.
服务员:下午的航班有特价机票,经济舱打五折,一张八百五十块。

Měiluó: Hǎo, wǒ jiù dìng zhège.
美　罗:好,我就订这个。

Fúwùyuán: Qǐng shuō yí xià nín de zhèngjiàn hàomǎ.
服务员:请说一下您的证件号码。

Měiluó: Wǒ de hùzhàohào shì G sān liù sān sān liù liù yāo liù.
美　罗:我的护照号是G 3 6 3 3 6 6 1 6。

Fúwùyuán: Hǎo, yǐjīng wèi nín yùdìngle qī yuè sānshí hào shíqī diǎn yí kè Tiānjīn dào Kūnmíng de jīpiào, Tiānjīn hángkōng G S liù liù sì jiǔ.
服务员:好,已经为您预订了七月三十号十七点一刻天津到昆明的机票,天津航空**GS6649**。

Měiluó: Hǎo de, xièxie!
美　罗:好的,谢谢!

xuéxue liànlian
学 学 练 练 Learn and Practice

一、根据课文回答问题 Answer the following questions according to the text

1. 美罗在干什么？
2. 美罗为什么订了下午的航班？
3. 美罗买的机票如果不打折是多少钱？

二、根据课文完成下面的句子 Complete the sentences according to the text

美罗打电话______七月三十号从______到______的飞机票。那天有两个______，一个是______的，另一个是______的。因为下午的______有______，______打五折，一张______，所以她就订了天津______GS6649 七月三十号十七点一刻______的机票。

三、说一说 Let's talk

1. 你都在哪儿买机票？
2. 你买到过很便宜的机票吗？打了几折？

shēngcí
生 词 New Words

1	服务台	fúwùtái	名	reception desk	去服务台
2	刷卡	shuākǎ	动	to pay by credit card	不能刷卡
3	现金	xiànjīn	名	cash	用现金
4	房卡	fángkǎ	名	room card	这是房卡
5	交	jiāo	动	to hand over, to deliver	交钱
6	押金	yājīn	名	deposit	交押金

7	收据	shōujù	名	receipt	这是收据
8	保存	bǎocún	动	to keep, to hold	保存收据
9	叫早	jiàozǎo	动	morning call	需要叫早
10	房费	fángfèi	名	room charge	交房费
11	早餐	zǎocān	名	breakfast	吃早餐
12	用餐	yòngcān	动	to have dinner	祝您用餐愉快

bǔchōng shēngcí
补 充 生 词 Supplementary Words

1	娱乐设施	yúlè shèshī	名	recreational facilities	酒店娱乐设施

kèwén
课 文 Text

Rùzhù jiǔdiàn
(二)入 住 酒 店

(Měiluó dàole Kūnmíng, tā zài jiǔdiàn yī lóu fúwùtái.)
(美罗到了昆明,她在酒店一楼服务台。)

Měiluó: Nǐ hǎo! Wǒ zài zhèlǐ yùdìngle yí gè fángjiān.
美 罗:你好!我在这里预订了一个房间。

Fúwùyuán: Wǒ bāng nín chá yí xià, néng kàn yí xià nín de zhèngjiàn ma?
服务员:我帮您查一下,能看一下您的证件吗?

Měiluó: Hǎo de, gěi nǐ.
美 罗:好的,给你。

Fúwùyuán: Nín dìng le yí gè biāozhǔnjiān, qī yuè sānshí hào dào bā yuè èr hào gòng sān wǎn, yī qiān líng wǔshí kuài. Nín yào shuākǎ háishì xiànjīn?
服务员:您订了一个标准间,七月三十号到八月二号共三晚,一千零五十块。您要刷卡还是现金?

Měiluó: Shuākǎ.
美 罗:刷卡。

Fúwùyuán: Zhè shì fángkǎ, qǐng jiāo yībǎi yuán de fángkǎ yājīn.
服务员:这是房卡,请交一百元的房卡押金。

Shōujù nín bǎocún hǎo.
收据您保存好。

Měiluó: Xièxie! Nǐmen zhèr yǒu jiàozǎo fúwù ma?
美罗：谢谢！你们这儿有叫早服务吗？

Fúwùyuán: Yǒu, nín xūyào jǐ diǎn jiàozǎo?
服务员：有，您需要几点叫早？

Měiluó: Liù diǎn bàn.
美罗：六点半。

Fúwùyuán: Nín de fángfèi zhōng bāokuò zǎocān, qǐng nín zài jiǔ diǎn yǐqián dào èr lóu cāntīng yòngcān.
服务员：您的房费中包括早餐，请您在九点以前到二楼餐厅用餐。

Měiluó: Xièxie!
美罗：谢谢！

Fúwùyuán: Bú kèqi, nín hái yǒu shénme xūyào ma?
服务员：不客气，您还有什么需要吗？

Měiluó: Méi yǒu le. Xièxie!
美罗：没有了。谢谢！

xuéxue liànlian
学学练练 Learn and Practice

一、根据课文回答问题 Answer the following questions according to the text

1. 服务员要查看什么？
2. 服务员为什么要美罗交100元现金？
3. 美罗需要什么客房服务？
4. 早餐几点结束？

二、根据课文完成下面的句子 Complete the sentences according to the text

美罗到了昆明，她在酒店一楼________把自己的________交给服务员。服务员告诉她要交一千零五十块共三晚的________和一百元的________，然后让她保存好房卡和________。房费中________早餐，所以美罗早上________可以到二楼餐厅________。这家酒店提供，美罗让他们早上________叫早。

三、说一说　Let's talk

1. 说说酒店一般会给客人提供哪些服务？
2. 说说美罗入住酒店后会做什么？

功能项目（gōngnéng xiàngmù）　Functions

一、订票常用语　Common language of booking tickets（订机票时常说的话）

1. 你好！请问有七月三十号从天津到昆明的机票吗？
2. 都是什么时间的？
3. 哪个航班打折？

二、入住酒店常用语　Common language of checking in the hotel（到酒店办理入住手续时常说的话）

1. 你好！我在这里预订了一个房间。
2. 我帮您查一下，能看一下您的证件吗？
3. 这是房卡，请交一百元的房卡押金。收据您保存好。
4. 请问有叫早服务吗？
5. 您的房费中包括早餐，请您在九点以前到二楼餐厅用餐。

三、礼貌要求　Request in polite way（礼貌地要求别人做什么）

1. 能看一下您的证件吗？
2. 请说一下您的证件号码。

四、询问需要、愿望　Asking for need and desire（问问别人有什么需要，表示可以提供帮助）

1. 您需要几点叫早？
2. 您还有什么需要吗？

liàn yí liàn

练一练 Exercises

一、朗读词语 Read the phrases

	cāngwèi	shāngwùcāng	tóuděngcāng	jīngjìcāng
1.	舱位	商务舱	头等舱	经济舱
	yùjīn	tuōxié	rèshuǐhú	wúxiànwǎng
2.	浴巾	拖鞋	热水壶	无线网
	xíngchéng	dānchéng	wǎngfǎn	liánchéng
3.	行程	单程	往返	联程
	chūfā chéngshì	zhōngzhuǎn chéngshì	dàodá chéngshì	
4.	出发城市	中转城市	到达城市	

二、完成对话 Complete the dialogues

1. A 先生：你好！请问有去上海的特价机票吗？
   机场服务员：______________________________。
2. A 先生：你好！请问去上海最早的航班几点起飞？
   机场服务员：______________________________。
3. A 先生：你好！我在这里预订了一个十人桌。
   饭店服务员：______________________________？
4. A 先生：你好！我要退房。
   酒店服务员：______________________________？
5. 酒店服务员：______________________________？
   司机：我……，我忘带了。

三、根据图片，用给出的词语说一个句子 Say a sentence about the picture with given words

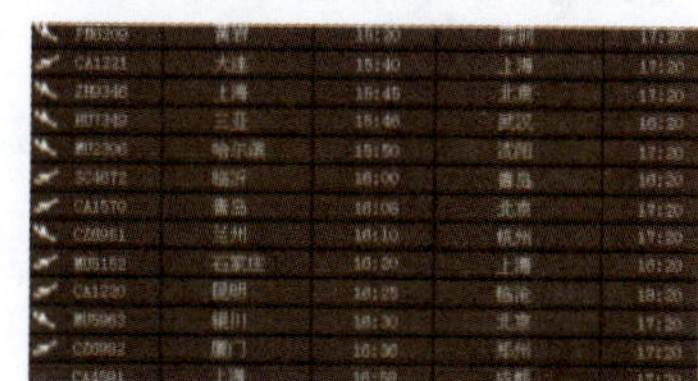

1. 航班、能……吗？→______________________________

2. 入住、能……吗？→

3. 刷卡、能……吗？→ ____________________

4. 出租车、能……吗？→ ____________________

四、句子匹配　Match the sentences

例如：明天安娜去北京。 [F]

A. 请稍等。

B. 刷卡。

C. 您预订时留的电话号码是多少？

D. 只剩一张五折的经济舱，您需要吗？

E. 你们这儿有叫早服务吗？

F. 她去中国朋友家。

1. 您好！我预订了一个标准间。 □
2. 喂！王奇在吗？ □
3. 您刷卡还是现金？ □
4. 请问有什么可以帮您？ □
5. 请问还有去上海的特价机票吗？ □

五、完成对话　Complete the dialogues

1. A：您好！很高兴为您服务。

　B：你好！请问有__________火车票吗？

　A：_____，3 月 5 号早上八点，156 块。

　B：我买两张。

　A：_______证件吗？

　B：这是我的护照。

2. A：请问，你们这儿有给房间送早餐的服务吗？

B：有，____________________？

A：明天早上八点。

B：________________________？

A：没有了，谢谢！

六、小组讨论　Group discussion

去旅行的时候，你喜欢坐飞机还是坐火车？（提示：航空公司、特价、经济、座位、时间、安全。）

	好处	坏处	最终建议
坐飞机好			
坐火车好			

七、角色扮演　Role play

1. 打电话订机票（一个人扮演订票人，另一个人扮演服务员）。
2. 在火车站买票（一个人买票，另一个人卖票）。
3. 打电话预订酒店房间（一个人扮演客人，另一个人扮演酒店服务员）。
4. 客人到酒店了，客人向服务员说出需要（一个人扮演客人，另一个人扮演酒店服务员）。

八、你知道吗　Do you know

guǎngchǎngwǔ
广　场　舞

中国大妈特别喜欢跳广场舞，这是为什么呢？因为她们的儿女工作很忙，平时没有太多时间陪她们，所以大妈们就到广场跳舞，跳广场舞既能让她们交朋友，又能让心情变好，还能锻炼身体。就这样广场舞越来越流行。你知道最近流行的广场舞曲叫什么名字吗？

dì bā kè
第八课

Lǎnrén de bànfǎ
懒人的办法

shēngcí
生　词　New Words

1	趟	tàng	量	（measure word）	去一趟
2	邮局	yóujú	名	post office	在邮局工作
3	寄	jì	动	to post	寄东西
4	直接	zhíjiē	副	directly	直接去
5	上门	shàngmén	动	door to door	上门服务
6	服务	fúwù	动	to serve	为您服务
7	其中	qízhōng	名	one of	其中一个
8	外卖	wàimài	名	takeout	叫外卖
9	购物	gòuwù	动	to shop	网上购物
10	联系	liánxì	动	to contact	跟朋友联系

bǔchōng shēngcí
补　充　生　词　Supplementary Words

1	快递	kuàidì	名 / 动	express delivery	寄快递
2	QQ		名	a kind of chat software	QQ 好友

kèwén
课文 Text

Shuí hái qù yóujú
（一）谁还去邮局

(Zài bàngōngshì)
（在办公室）

LǎoZhāng: Xiǎo Wáng, wǒ chūqù yí xià, qù tàng yóujú gěi péngyou jì fèn lǐwù.
老　张：小王，我出去一下，去趟邮局给朋友寄份礼物。

XiǎoWáng: Xiànzài shuí hái qù yóujú jì dōngxi ya?
小　王：现在谁还去邮局寄东西呀？

LǎoZhāng: Bú qù yóujú le? Nà xiǎng jì dōngxi zěnme bàn?
老　张：不去邮局了？那想寄东西怎么办？

XiǎoWáng: Kěyǐ zhǎo kuàidì gōngsī a, tāmen huì zhíjiē shàngmén fúwù.
小　王：可以找快递公司啊，他们会直接上门服务。

LǎoZhāng: Zhème fāngbiàn? Kuài gàosu wǒ tāmen de diànhuà hàomǎ ba.
老　张：这么方便？快告诉我他们的电话号码吧。

XiǎoWáng: Kuàidì gōngsī yǒu hěn duō jiā, gàosu nǐ qízhōng yì jiā de ba, sì líng líng bā yāo yāo yāo yāo yāo yāo.
小　王：快递公司有很多家，告诉你其中一家的吧，4008111111。

LǎoZhāng: Āiyā! Niánqīngrén zhīdào de xīnxiānshì kě zhēn duō!
老　张：哎呀！年轻人知道的新鲜事可真多！

XiǎoWáng: Qíshí chúle kuàidì yǐwài, fāngbiàn shēnghuó de hái duōzhe ne. Bǐrú dǎ diànhuà jiào wàimài, wǎng shang gòuwù, yùdìng chēpiào, yòng QQ hé wēixìn gēn péngyou liánxì děngděng.
小　王：其实除了快递以外，方便生活的还多着呢。比如打电话叫外卖、网上购物、预订车票，用QQ和微信跟朋友联系等等。

LǎoZhāng: Yǒu kòngr wǒ yě gēn nǐ xuéxue zěnme shàngwǎng, hái yǒu zěnme yòng QQ hé wēixìn.
老　张：有空儿我也跟你学学怎么上网，还有怎么用QQ和微信。

XiǎoWáng: Méi wèntí!
小　王：没问题！

学学练练 Learn and Practice

(xuéxue liànlian)

一、根据课文回答问题 Answer the following questions according to the text

1. 老张要出去做什么？
2. 小王为什么不让老张去？
3. 小王还知道什么方便生活的新鲜事儿？
4. 老张想学习什么？

二、根据课文完成下面的句子 Complete the sentences according to the text

老张想去邮局________，但是小王告诉他现在________，大家都找________寄东西。快递公司会直接________，非常方便。老张让小王告诉他________，他也想找快递公司。除了快递以外，________还很多，比如________、________、________、________什么的。听完小王的介绍，老张也想学学________、________。

三、说一说 Let's talk

1. 跟大家说说，除了网上购物，上网还可以做哪些事？
2. 你能适应生活中没有手机和网络的生活吗？为什么？

shēngcí
生 词 New Words

1	门铃	ménlíng	名	doorbell	门铃响
2	响	xiǎng	动	to ring	手机响
3	填	tián	动	to fill in the blanks	填姓名
4	姓名	xìngmíng	名	full name	写姓名
5	地址	dìzhǐ	名	address	你的地址
6	大概	dàgài	副	probably	大概三千人
7	辛苦	xīnkǔ	形	hard	辛苦你了
8	懒	lǎn	形	lazy	非常懒
9	要是	yàoshì	连	if	要是下雨
10	躺	tǎng	动	to lie	躺在床上

bǔchōng shēngcí
补 充 生 词 Supplementary Words

1	快递员	kuàidìyuán	名	courier	快递员来了
2	快递单	kuàidìdān	名	sending form	填快递单
3	寄件	jìjiàn	动	to send , to post	寄件人
4	收件	shōujiàn	动	to receive (a mail)	收件人

kèwén
课 文 Text

Jì kuàidì
（二）寄 快 递

(Ménlíng xiǎng le .)
（门 铃 响 了 。）

Xiǎo Wáng: Yídìng shì kuàidì gōngsī de rén lái le !
小 王：一 定 是 快 递 公 司 的 人 来 了 ！

Lǎo Zhāng: Zhème kuài ! Gāng dǎwán diànhuà jiù lái le .
老 张：这 么 快 ！ 刚 打 完 电 话 就 来 了 。

(Lǎo Zhāng dǎ kāi mén .)
（老 张 打 开 门 。）

Kuàidìyuán: Nín hǎo! Qǐng wèn shì nín xiǎng yào jì dōngxi ma?
快递员：您好！请问是您想要寄东西吗？

Lǎo Zhāng: Duì! Wǒ xiǎng gěi péngyou jì ge lǐwù.
老张：对！我想给朋友寄个礼物。

Kuàidìyuán: Zhè shì kuàidìdān, qǐng nín tián shang jìjiànrén hé shōujiànrén de xìngmíng, dìzhǐ hé diànhuà.
快递员：这是快递单，请您填上寄件人和收件人的姓名、地址和电话。

Lǎo Zhāng: Xiě hǎo le, gěi nín.
老张：写好了，给您。

Kuàidìyuán: Hǎo de! Dōngxi bú dào yì gōngjīn, jì dào Guǎngzhōu, kuàidìfèi shì shí yuán. Dàgài liǎng-sān tiān de shíjiān jiù néng dào.
快递员：好的！东西不到一公斤，寄到广州，快递费是十元。大概两三天的时间就能到。

Lǎo Zhāng: Xièxie, xīnkǔ nín le!
老张：谢谢，辛苦您了！

(...)
（……）

Xiǎo Wáng: Zěnmeyàng? Fāngbiàn ba!
小王：怎么样？方便吧！

Lǎo Zhāng: Tài fāngbiàn le, bú yòng chūmén jiù néng jì dōngxi, shōu dōngxi, tài shìhé wǒ le.
老张：太方便了，不用出门就能寄东西、收东西，太适合我了。

Xiǎo Wáng: Hēihei! Yě shìhé wǒ zhèyàng de lǎnrén, wǒ mā jīngcháng shuō wǒ yàoshì néng zuòzhe jiù bú zhànzhe, néng tǎngzhe jiù bú zuòzhe.
小王：嘿嘿！也适合我这样的懒人，我妈经常说我要是能坐着就不站着、能躺着就不坐着。

xuéxue liànlian
学 学 练 练 Learn and Practice

一、根据课文回答问题 Answer the following questions according to the text

1. 快递员让老张做什么？
2. 为什么说快递最适合懒人？
3. 小王的妈妈为什么觉得小王很懒？

二、根据课文完成下面的句子 Complete the sentences according to the text

______很快就来了，快递员给了老张一张______，让他在上面填上______和______的______。东西不到______，寄到广州需要________，大概________。老张觉得快递________，因为________就能寄东西、收东西。小王妈妈经常说小王要是________就________，能________就________。

三、说一说 Let's talk

1. 除了不需要去邮局寄东西，你还有什么适合“懒人”的好办法吗？
2. 你和同桌分别扮演快递员和寄快递的人，表演如何寄快递。

gōngnéng xiàngmù
功 能 项 目 Functions

一、感谢 Gratitude（表示对别人的感谢）

1. 谢谢！辛苦您了！
2. 多谢！
3. 给您添麻烦了！非常感谢！

二、表示惊讶、不敢相信 To express surprise or can't believe（很惊讶，不敢相信别人说的话）

1. 不去邮局了？
2. 这么方便？
3. 这么快？

三、请求与命令 Request and order(命令或者请求别人做什么)

1. 请您填上寄件人和收件人的姓名、地址和电话。
2. 快告诉我他们的电话号码吧。

liàn yí liàn 练一练 Exercises

一、朗读词语 Read the phrases

1. péngyouquān 朋友圈	qúnliáo 群聊	shōucáng 收藏	tōngxùnlù 通讯录	yǔyīn 语音	mìmǎ 密码	
2. fā huò 发货	shōu huò 收货	tuì huò 退货	fù kuǎn 付款	tuì kuǎn 退款	màijiā 卖家	gòumǎi 购买
3. gòuwùchē 购物车	dìngdān 订单	píngjià 评价	shāngpǐn 商品	rénqì 人气	xiāoliàng 销量	jiàgé 价格

二、看例子,完成对话 Complete the dialogues according to the example

1. 例:A:我去趟邮局给朋友寄份礼物。
   B:现在谁还去邮局寄东西呀?

   A:____________________________。
   B:怎么不叫外卖呀?

   A:我去买一张 DVD,咱们在家看个电影。
   B:____________________________?

   A:____________________________。
   B:现在谁还去银行交电话费 (fèi) 啊?

2. 例 :A:你丢的东西都找到了。
   B:谢谢您!

   A:____________________________。
   B:我真不知道该怎么感谢那个服务员。

   A:____________________________。
   B:多谢,给你们邮局添麻烦了。

A：这是你要找的那条狗吗？

B：______________________________。

三、根据图片，用给出的词语说一个句子 Say a sentence about the picture with given words

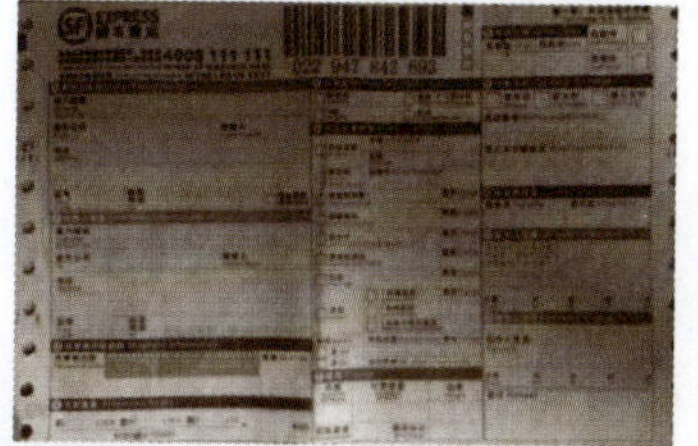

1. 请、姓名 → ______________________________

2. 帮、照 → ______________________________

3. 快、开 → ______________________________

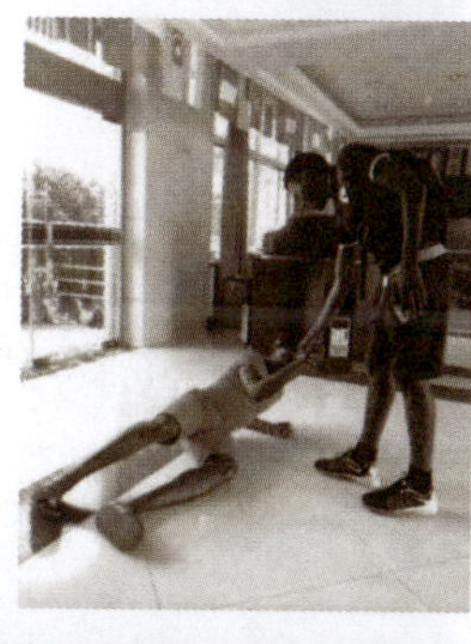

4. 麻烦、扶 → ______________________________

5. 请、拿 → ______________________________

四、句子匹配 Match the sentences

例如：明天安娜去北京。 F

A. 除了我和王丽，还有两个男同学。

B. 太好了，去爬长城怎么样？

C. 往前走 200 米，路右边的白楼就是。

D. 多着呢，西安、南京、香港，等等。

E. 一定是有什么伤心事。

F. 她去中国朋友家。

1. 你去过哪些地方旅行？ □
2. 你们班有谁参加明天的汉字比赛？ □
3. 王丽怎么哭了？ □
4. 请问附近有图书馆吗？ □
5. 这个星期咱们休息三天。 □

五、完成对话 Complete the dialogues

1. A：老婆，＿＿＿＿＿＿＿＿＿＿？

   B：不知道，家里没有菜了。

   A：我出去一下儿。

   B：＿＿＿＿＿＿＿＿＿＿？

   A：我去饭店打包一份菜回来。

   B：＿＿＿＿＿＿＿＿＿＿？

   A：不用自己去饭店买了？那怎么办呢？

   B：打电话叫外卖呀！

2. A：喂，你好，这里是长城饭店！

   B：＿＿＿＿＿＿＿＿＿＿。

   A：＿＿＿＿＿＿＿＿＿＿？

   B：一个鱼香肉丝，一个宫保鸡丁（Gōngbǎojīdīng）。

   A：＿＿＿＿＿＿＿＿＿＿？

   B：天津大学友园 504 房间。＿＿＿＿＿＿＿＿＿＿？

   A：大概半个小时。

六、小组交流 Group communication

你在网上买过东西吗？常去什么网站买东西？买过什么？

七、小组讨论 Group discussion

你喜欢在网上买东西还是去商店里买东西？

	好处	坏处	最终建议
网上买东西			
商店里买东西			

八、你知道吗 Do you know

现在很多年轻人都喜欢宅在家里，他们可以几天甚至几个星期都不出门。这么长时间不出门能正常生活吗？当然能，在经济快速发展的今天，我们通过网络可以解决生活中的所有问题。在网络上我们可以听音乐、看电影、买东西，渴了、饿了还可以叫外卖。总之，在家里可以做任何你想做的事情，只有你想不到的，没有你做不到的。

dì jiǔ kè

第九课

Jiànkāng de shēnghuó fāngshì

健康的生活方式

shēngcí

生 词 New Words

1	遇见	yùjiàn	动	to meet	遇见一个朋友
2	咳嗽	késou	动	cough	咳嗽药
3	陪	péi	动	to accompany	陪朋友去商店
4	熬夜	áoyè	动	to stay up late	熬夜读书
5	抽烟	chōuyān	动	to smoke	禁止抽烟
6	劝	quàn	动	to persuade, to advise	劝你别抽烟
7	戒烟	jièyān	动	to quit smoking, to give up smoking	你应该戒烟
8	坚持	jiānchí	动	to insist	坚持锻炼
9	建议	jiànyì	名 / 动	proposal, recommendation to suggest/offer/advise	你有什么建议
10	太极拳	tàijíquán	名	shadowboxing	打太极拳
11	好处	hǎochù	名	advantage, benefit	对身体有好处
12	光	guāng	副	only, alone, merely	光吃菜
13	生	shēng	动	to give birth to	生孩子

bǔchōng shēngcí
补 充 生 词 Supplementary Words

1	爱人	àirén	名	husband or wife	我的爱人
2	母子平安	mǔzǐ píng'ān		Both mother and baby are doing well.	
3	恭喜	gōngxǐ	动	to congratulate	恭喜发财
4	喜得贵子	xǐdéguìzǐ		Happy to have a baby.	
5	别提了	biétíle		Don't mention it.	

kèwén
课 文 Text

Shuōzhe róngyì, zuòzhe nán
(一)说着容易,做着难

(Liǎng gè péngyou zài yīyuàn yùjiàn.)
(两个朋友在医院遇见。)

Xiǎo Wáng: Nǐ zěnme yě zài zhèr?
小王:你怎么也在这儿?

Lǎo Zhāng: Biétíle. Wǒ zhàngfu zuìjìn shēntǐ bú tài hǎo, zǒng késou. Wǒ péi tā lái kànkan.
老张:别提了。我丈夫最近身体不太好,总咳嗽。我陪他来看看。

Xiǎo Wáng: Shì ma? Zěnme huí shìr a?
小王:是吗?怎么回事儿啊?

Lǎo Zhāng: Zuìjìn tā gōngzuò hěn máng, zǒng áoyè, yān chōu de yòu duō.
老张:最近他工作很忙,总熬夜,烟抽得又多。

Xiǎo Wáng: Áoyè shāng shēntǐ, chōuyān jiù gèng shāng shēntǐ le. Nǐ quàn tā jièyān ba.
小王:熬夜伤身体,抽烟就更伤身体了。你劝他戒烟吧。

Lǎo Zhāng: Shì a! Dànshì jièyān, shuōzhe róngyì, zuòzhe nán a!
老张:是啊!但是戒烟,说着容易,做着难啊!

Xiǎo Wáng: Méi cuò, yídìng yào jiānchí, érqiě hái yào duō duànliàn. Wǒ jiànyì tā zǎoshàng qǐlái pǎopaobù, liànlian tàijíquán shénme de, duì shēntǐ fēicháng yǒu hǎochù.
小王:没错,一定要坚持,而且还要多锻炼。我建议他早上起来跑跑步、练练太极拳什么的,对身体非常有好处。

Lǎo Zhāng: Bié guāng shuō wǒ le, nǐ zěnme yě lái yīyuàn le?
老 张：别 光 说 我 了，你 怎 么 也 来 医 院 了？

Xiǎo Wáng: Wǒ àirén gāng shēng wán háizi, wǒ lái zhàogu tā.
小 王：我 爱 人 刚 生 完 孩 子，我 来 照 顾 她。

Lǎo Zhāng: Zhè kě shì hǎoshì a! Nánháir nǚháir?
老 张：这 可 是 好 事 啊！男 孩 儿 女 孩 儿？

Xiǎo Wáng: Shì ge érzi, liù jīn duō, mǔzǐ píng'ān!
小 王：是 个 儿 子，六 斤 多，母 子 平 安！

Lǎo Zhāng: Gōngxǐ nǐ xǐdéguìzǐ! Yíhuìr wǒ guòqu kànkan nǐ àirén hé háizi.
老 张：恭 喜 你 喜 得 贵 子！一 会 儿 我 过 去 看 看 你 爱 人 和 孩 子。

Xiǎo Wáng: Hǎo! Yíhuìr jiàn!
小 王：好！一 会 儿 见！

学学练练 (xuéxue liànlian) Learn and Practice

一、根据课文回答问题 Answer the following questions according to the text

1. 老张为什么来医院？
2. 老张的丈夫为什么身体不好？
3. 对老张丈夫的病，小王提出哪些建议？
4. 小王为什么来医院？

二、根据课文完成下面的句子 Complete the sentences according to the text

老张的丈夫因为________，最近总是________，老张陪他________。在医院里遇到了朋友小王，小王建议他________，________，还要坚持锻炼，比如________、________、________。小王的妻子也在这家医院，她________，老张想________。

三、说一说 Let' s talk

1. 哪些事对身体有坏处？
2. 对保持（bǎochí）身体健康你有哪些建议？

shēngcí 生词 New Words

1	得	děi	动	must, have to	这个问题我得想想
2	重视	zhòngshì	动	to attach importance to, to pay attention to	重视考试、重视健康
3	饮食	yǐnshí	名	diet	注意饮食、饮食健康
4	方面	fāngmiàn	名	aspect	
5	蔬菜	shūcài	名	vegetable	蔬菜水果、多吃蔬菜
6	啦	la	助		好啦
7	尽量	jìnliàng	副	to the best of one's abilities	我尽量做、尽量记住
8	胜利	shènglì	名	victory, win, success	取得胜利

bǔchōng shēngcí 补充生词 Supplementary Words

1	"三高"一族	"sāngāo" yìzú		somebody suffering from hypertension, hyperlipidemia, hyperglycemia	

kèwén
课　文　Text

Jiānchí jiùshì shènglì
（二）坚持就是胜利

Xiǎo Wáng: Lái, zài hē yì bēi!
小　王：来，再喝一杯！

Xiǎo Lǐ: Bù xíng le, bù néng zài hē le!
小　李：不行了，不能再喝了！

Xiǎo Wáng: Zěnme cái hē zhème diǎnr?
小　王：怎么才喝这么点儿？

Xiǎo Lǐ: Biétíle, wǒ xiànzài yǐjīng shì "sāngāo" yìzú le.
小　李：别提了，我现在已经是"三高"一族了。

Xiǎo Wáng: Nǐ zhème niánqīng jiù "sāngāo" le, zhè kě děi duō zhòngshì, yóuqí shì yǐnshí.
小　王：你这么年轻就"三高"了，这可得多重视，尤其是饮食。

Xiǎo Lǐ: Zhè fāngmiàn nǐ yǒu shénme hǎo jiànyì?
小　李：这方面你有什么好建议？

Xiǎo Wáng: Bǐrú zhèxiē dà yú dà ròu de cài jiù děi shǎo chī, duō chī shūcài hé shuǐguǒ.
小　王：比如这些大鱼大肉的菜就得少吃，多吃蔬菜和水果。

Xiǎo Lǐ: Ài, zhè yǐhòu jiù bù néng xiǎng chī shénme jiù chī shénme la!
小　李：唉，这以后就不能想吃什么就吃什么啦！

Xiǎo Wáng: Dāngrán! Nǐ zuìhǎo duō hē chá, jìnliàng shǎo hē jiǔ、kāfēi shénme de.
小　王：当然！你最好多喝茶，尽量少喝酒、咖啡什么的。

Xiǎo Lǐ: Shì a! Chúle zhùyì yǐnshí, wǒ yǐhòu hái děi duō yùndòng ne!
小　李：是啊！除了注意饮食，我以后还得多运动呢！

Xiǎo Wáng: Méi cuò! Pǎopǎobù、dǎdǎqiú、yóuyóuyǒng shénme de dōu búcuò. Dàn zuì zhòngyào de shì nǐ děi jiānchí, jiānchí jiù
小　王：没错！跑跑步、打打球、游游泳什么的都不错。但最重要的是你得坚持，坚持就

shì shènglì a !
是 胜 利 啊 ！

Xiǎo Lǐ : Duì , wǒ yě xīwàng néng kuàidiǎnr hǎo .
小 李 ： 对 ， 我 也 希 望 能 快 点 儿 好 。

xuéxue liànlian
学 学 练 练 Learn and Practice

一、根据课文回答问题 Answer the following questions according to the text

1. 小李为什么不喝酒了？
2. 在饮食方面“三高”一族需要注意什么？
3. 除了注意饮食还要做什么？

二、根据课文完成下面的句子 Complete the sentences according to the text

小王现在是_______了，小李让他重视________，他建议小王多吃________、________，少吃_______。多喝________，少喝________、________。除了饮食，小王还要________，比如________、________、________什么的都是不错的选择。

三、说一说 Let’s talk

1. 你觉得什么食物对身体有好处？
2. 说说怎么做对身体健康有好处。

gōngnéng xiàngmù
功 能 项 目 Functions

一、说伤心事 To talk about sad things(“别提了”后面常常是不愿说的事情)

1. 别提了，我丈夫最近身体不太好，总咳嗽。
2. 别提了，我现在已经是“三高”一族了。

二、劝诫或建议 To exhort or advise(告诉别人应该做什么)

1. 你劝他戒烟吧。

2. 我建议他早上练练太极拳什么的，是对身体非常有好处的。

3. 你最好多喝茶，尽量少喝酒、咖啡什么的。

三、列举事物　To enumerate（举例子）

1. 比如这些大鱼大肉的菜就得少吃，多吃蔬菜和水果。

2. 我建议他早上起来跑跑步、练练太极拳什么的。

3. 跑跑步、打打球、游游泳什么的都不错。

4. 当然！你最好多喝茶，尽量少喝酒、咖啡什么的。

四、俗语　Common sayings

1. 说着容易，做着难。

2. 坚持就是胜利。

练一练（liàn yí liàn）　Exercises

一、朗读词语　Read the phrases

1. 蔬菜 shūcài	粗粮 cūliáng	酸奶 suānnǎi	软饮料 ruǎnyǐnliào	绿色食品 lǜsè shípǐn
2. 熬夜 áoyè	加班 jiābān	减肥 jiǎnféi	暴饮暴食 bàoyǐnbàoshí	垃圾食品 lājīshípǐn
3. 高血脂 gāoxuèzhī	高血糖 gāoxuètáng	血压高 xuèyāgāo	亚健康 yàjiànkāng	空调病 kōngtiáobìng

二、替换和扩展　Substitution and extension

1. 这么<u>年轻就“三高”了</u>，这可得<u>多重视，尤其是饮食</u>。

年轻就亚健康	多运动
容易感冒	……
……	少抽烟喝酒

2. A：我<u>丈夫</u>最近身体很不好。

B：我建议他<u>早上起来跑跑步、练练太极拳</u>什么的，非常有好处。

A		B
儿子	学习	……
……	……	到公园走走、晒晒太阳
朋友	心情	……
……	……	学学唱歌、练练跳舞

3. A: 饮食方面你有什么好建议？

B: 比如这些大鱼大肉的菜就得少吃，多吃蔬菜和水果。

A	B	
我想减肥	垃圾食品	粗粮
关于练习口语	……	……
准备 HSK 考试	……	……
……	少和朋友出去	多去看看父母

4. 除了注意饮食，我以后还得多运动呢！

早睡早起	多锻炼
戒烟戒酒	……
学习汉语	……
……	到全世界去旅行
……	买一套大房子

三、读句子，并根据提示说出更多的句子 Read the sentences and say more sentences according to the hints

1. 别提了！

别提了。我丈夫最近身体不太好，总咳嗽。

别提了，____________________。

别提了，________________________。

别提了，________________________。

2. 我建议……

我建议他早上起来练练太极拳什么的，是对身体非常有好处的。

哥哥已经发烧三天了，医生建议________________________。

听说周末天气不错，我建议________________________。

A: 我的这台电脑又坏了。

B: 你这台太__________，我建议________________________。

3. 想……什么就……什么

这以后就不能想吃什么就吃什么啦！

开学以后________________________。

结婚以后________________________。

毕业以后________________________。

四、根据图片，用给出的词语说一个句子 Say a sentence about the picture with given words

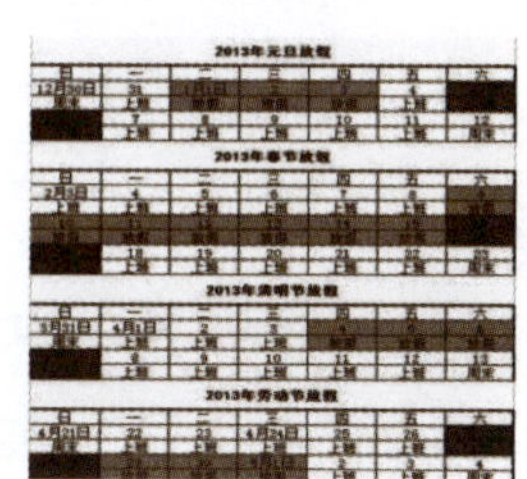

1. 节日、比如 → ____________________。

2. 健康、比如 → ____________________。

3. 旅游、什么的 → ____________________。

4. 影响、什么的 → ____________________。

五、句子匹配 Match the sentences

例如：明天安娜去北京。 F

A. 对，坚持就是胜利。

B. 说着容易，做着难啊。

C. 恭喜恭喜！

D. 别提了！我都感冒一个星期了。

E. 你啊，多吃蔬菜水果，少吃大鱼大肉。

F. 她去中国朋友家。

1. 我都“三高”了，该怎么办啊？ ☐

2. 你最好还是把烟戒了。 ☐

3. 减肥不是一天两天就有效果的。 ☐

4. 我妻子生了一个儿子。 ☐

5. 你怎么又没来上课？ ☐

六、说一说 Let's talk

请根据你好友的实际情况，对其健康提出建议。（提示：你有一些……，最好不要……，我建议……，比如……。）

七、角色扮演 Role play

两个同学一组，一名学生扮演医生，另一名学生扮演病人，请对病人的身体情况给出健康建议。

请使用下面的句型，最少使用两个：你最好……，你应该……，我建议……，比如……、……什么的。

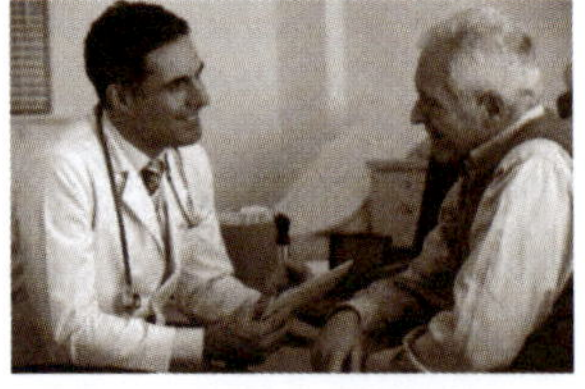

八、你知道吗 Do you know

在中国对不同的事情我们祝福的话也会不同。

朋友结婚了，我们会说：“祝你们百年好合、白头到老！”

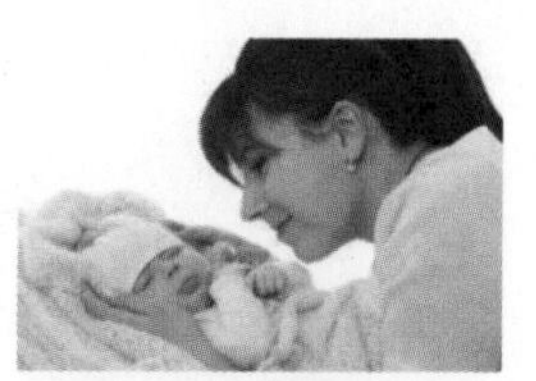

朋友生孩子了，可以对他说：“恭喜你喜得贵子！”

朋友搬进新家，我们常常会说：“恭贺乔迁之喜！”

朋友的孩子考上了好的学校，可以说：“恭喜金榜题名。”

给老人过生日时，我们常常说：“祝您福如东海，寿比南山！”

商店开业，我们常常会送上写着“开业大吉”的花篮！

dì shí kè

第十课

Nǐ zěnme le

你怎么了

shēngcí

生　词　New Words

1	辅导	fǔdǎo	动	to tutor	辅导课、辅导老师
2	开心	kāixīn	形	joyful	开心极了
3	通过	tōngguò	动	to pass	通过考试
4	幸运	xìngyùn	形	lucky	幸运的人、幸运儿
5	及格	jígé	名	pass	考试及格
6	祝贺	zhùhè	名 / 动	congratulation, to congratulate	朋友的祝贺、祝贺你
7	恐怕	kǒngpà	副	be afraid of	他恐怕不能来了
8	继续	jìxù	动	to continue, to go on	继续努力

kèwén

课　文　Text

Yídìng néng tōngguò

(一)一定能通过

Piáo Zhì'ān: Nǐ zhè shì qù nǎr le?

朴志安：你这是去哪儿了？

Āmǐěr: Wǒ dào Měiluó jiā qù le. Gěi tā sòng HSK de fǔdǎo-shū qù le.
阿米尔：我到美罗家去了。给她送 HSK 的辅导书去了。

Piáo Zhì'ān: Nǐ zěnme zhème kāixīn? Yìbiān zǒu yìbiān chàng, shì bú shì yǒu shénme hǎo shì?
朴志安：你怎么这么开心？一边走一边唱，是不是有什么好事？

Āmǐěr: Dāngrán kāixīn. Wǒ tōngguòle HSK liù jí! Kǎo qián yìzhí dānxīn zìjǐ bú guò, zhè cì zhēn shì xìngyùn a, zhènghǎo jígé!
阿米尔：当然开心。我通过了 HSK 六级！考前一直担心自己不过，这次真是幸运啊，正好及格！

Piáo Zhì'ān: Zhùhè nǐ a!
朴志安：祝贺你啊！

Āmǐěr: Xièxie! Nǐ zěnmeyàng? Tōngguòle ma?
阿米尔：谢谢！你怎么样？通过了吗？

Piáo Zhì'ān: Wǒ jiù méi nǐ nàme xìngyùn le, shàng cì kǎo de shíhou jiù chàle jǐ fēn, zhè cì hái shì méiyǒu tōngguò.
朴志安：我就没你那么幸运了，上次考的时候就差了几分，这次还是没有通过。

Āmǐěr: Bié nánguò, hái yǒu hěn duō cì jīhuì.
阿米尔：别难过，还有很多次机会。

Piáo Zhì'ān: Kǒngpà wǒ jīnnián shì guò bú qù le.
朴志安：恐怕我今年是过不去了。

Āmǐěr: Nǐ zhème cōngmíng, rúguǒ jìxù nǔlì, yídìng huì tōngguò kǎoshì de!
阿米尔：你这么聪明，如果继续努力，一定会通过考试的！

xuéxue liànlian
学学练练 Learn and Practice

一、根据课文回答问题 Answer the following questions according to the text

1. 阿米尔从哪儿来？他去那儿干什么？
2. 阿米尔为什么这么高兴？

3. 朴志安的 HSK 成绩怎么样？

4. 阿米尔是怎么劝朴志安的？

二、根据课文完成下面的句子 Complete the sentences according to the text

朴志安在路上遇见阿米尔，阿米尔非常高兴，因为________。考前他还________，现在通过了很幸运。但是朴志安觉得自己_______，今年______。阿米尔告诉朴志安______，如果________，就一定能通过考试。

三、说一说 Let's talk

1. 说一件让你很高兴的事儿。（如：过生日、通过考试……）

2. 最近你的朋友有没有遇到什么伤心事儿？你是怎么鼓励他的？

生词 New Words

shēngcí

1	失恋	shīliàn	动	to be crossed in love	我失恋了
2	心情	xīnqíng	名	mood, temper	我的心情、心情不错
3	分手	fēnshǒu	动	to break up	和男朋友分手
4	误会	wùhuì	动	to misunderstand	有误会、别误会
5	谈	tán	动	to speak, to chat, to talk, to discuss	谈一谈
6	恋爱	liàn'ài	动	to have a love affair	谈恋爱、恋爱结婚
7	原因	yuányīn	名	cause, reason	生病的原因
8	可是	kěshì	连	but, however	
9	嗯	ǹg	叹	hum	

10	珍惜	zhēnxī	动	to cherish	珍惜时间、珍惜朋友
11	之间	zhījiān	名	among	朋友之间
12	感情	gǎnqíng	名	emotion, feeling	重视感情、感情很深
13	任何	rènhé	形	any	任何时间、任何地方
14	散心	sànxīn	动	to get away for relaxation	散散心、出国散心

kèwén
课文 Text

Wǒ shīliàn le
(二)我失恋了

Wáng Lì: Wèi, Měiluó a! Wǒ shì Wáng Lì, nǐ zài jiā ma, wǒ gěi nǐ sòng yì xiē dōngxi qù.
王丽：喂，美罗啊！我是王丽，你在家吗，我给你送一些东西去。

Měiluó: Nǐ bú shì dào Shànghǎi qùle ma?
美罗：你不是到上海去了吗？

Wáng Lì: Duì a, wǒ cóng Shànghǎi gěi nǐ dàile yì xiē lǐwù. Nǐ de shēngyīn zěnme le? Shì bú shì bìng le?
王丽：对啊，我从上海给你带了一些礼物。你的声音怎么了？是不是病了？

Měiluó: Bú shì, wǒ shīliàn le, xīnqíng bù hǎo.
美罗：不是，我失恋了，心情不好。

Wáng Lì: Nǐmen zěnme tūrán fēnshǒule ne, shì bú shì yǒu shénme wùhuì?
王丽：你们怎么突然分手了呢，是不是有什么误会？

Měiluó: Méiyǒu, tā zhǐ shuō wǒmen bù héshì!
美罗：没有，他只说我们不合适！

Wáng Lì: Nǐmen dōu tánle sān nián liàn'ài le, hé nǐ fēnshǒu gūjì shì yǒu shénme tèbié de yuányīn ba?
王丽：你们都谈了三年恋爱了，和你分手估计是有什么特别的原因吧？

Měiluó: Kěnéng ba! Kěshì wǒ zhēn de hěn ài tā, bù xiǎng hé tā fēnkāi.
美罗：可能吧！可是我真的很爱他，不想和他分开。

Wáng Lì : Nǐ xiān bú yào kū , nǐ zuìhǎo zhǎo tā hǎohao tántan .
王　丽：你 先 不 要 哭 ，你 最 好 找 他 好 好 谈 谈 。

Měiluó : Ǹg , wǒ huì zhǎo tā tántan de , wǒ hěn zhēnxī wǒmen zhījiān de gǎnqíng .
美　罗：嗯 ，我 会 找 他 谈 谈 的 ，我 很 珍 惜 我 们 之 间 的 感 情 。

Wáng Lì : Bié tài shāngxīn , rènhé shì dōu yǒu jiějué de bànfǎ . Wǒ mǎshàng jiù dào , zánmen dào wàimiàn qù guàngguang , sànsan xīn .
王　丽：别 太 伤 心 ，任 何 事 都 有 解 决 的 办 法 。 我 马 上 就 到 ，咱 们 到 外 面 去 逛 逛 ，散 散 心 。

Měiluó : Hǎo de , wǒ děng nǐ .
美　罗：好 的 ，我 等 你 。

xuéxue liànlian
学 学 练 练 Learn and Practice

一、根据课文回答问题 Answer the following questions according to the text

1. 王丽从哪里回来？她为什么要找美罗？
2. 美罗因为什么心情不好？
3. 美罗知道分手的原因吗？
4. 王丽劝美罗要做什么？

二、根据课文完成下面的句子 Complete the sentences according to the text

王丽刚刚从________，给美罗_______。她给美罗打电话，发现美罗 _______，以为她________。其实是美罗________。王丽问了原因，美罗说________。王丽觉得美罗应该________。王丽劝美罗_______，她马上就_______。

三、说一说 Let's talk

1. 说说失恋的原因可能会是什么。（比如：出国、家庭……）
2. 如果你的朋友失恋了，你要怎么劝他？

gōngnéng xiàngmù
功能项目 Functions

一、询问他人情况 To ask others' situation

1. 你怎么这么高兴？
2. 你的声音怎么了？
3. 他怎么会突然说分手呢？
4. 是不是有什么好事？
5. 是不是病了？
6. 你怎么样？通过了吗？

二、劝解安慰他人 To comfort others(当你不想让朋友继续伤心的时候，可以这样说)

1. 别难过，还有很多次机会。
2. 别太伤心，任何事都有解决的办法。
3. 你先不要哭，你最好找他好好谈谈。
4. 你这么聪明，如果继续努力，一定会通过考试的。

liàn yí liàn
练一练 Exercises

一、朗读词语 Read the phrases

gōutōng 1. 沟通	gǔlì 鼓励	tóngqíng 同情	guānxīn 关心	fàngsōng 放松	zhùfú 祝福
kě'ài 2. 可爱	huópō 活泼	xìngfú 幸福	lèguān 乐观	shànliáng 善良	rèqíng 热情
nánguò 3. 难过	jìmò 寂寞	shāngxīn 伤心	shīwàng 失望	hòuhuǐ 后悔	xiànmù 羡慕

二、替换和扩展 Substitution and extension

1. 一边走一边唱，是不是有什么好事？

上学	工作	很辛苦
看电视	吃饭	……
听音乐	写作业	……
……	……	累了
……	……	生病了

2. 你这么聪明，如果继续努力，一定会通过考试的。

努力	坚持下去	成功
……	不休息	生病
年轻	……	……
难过	……	……

3. A：你的声音怎么了？是不是病了？

B：不是，我失恋了，心情不好。

A		B
衣服	买小了	最近又胖了
手	受伤了	……
腿	摔着了	……
……	……	没通过考试

4. A：你们都谈了三年恋爱了，和你分手估计是有什么特别的原因吧？

B：可能吧！

A	
超市的水果多好啊	今天的不太新鲜
有时间就应该去玩儿	……
抽烟没有好处	……
……	有的中国人不会说普通话
……	他生活那么节约

三、读句子并根据提示说出更多的句子 Read the sentences and say more sentences according to the hints

1. 别……

别难过，还有很多次机会。

别_________，我们还会再见面的。

别_________，下次你会跳得更好的。

别_________，你也会找到爱你的人的。

2. 怎么……

你们怎么突然分手了呢，是不是有什么误会？

在这里学得好好的，怎么突然_____________？

都在这里工作这么长时间了，怎么_________？

昨天还活蹦乱跳的，______________________？

3. 一定会……

你这么聪明，如果继续努力，一定会通过考试的！

你按照医生说的做，一定会________________。

你的成绩这么好，一定会________。

你很优秀，一定会______________。

四、根据图片，用给出的词语说一个句子　Say a sentence about the picture with given words

1. 冷、进来 →______________________。

2. 高、上去 →______________________。

3. 图书馆、出来 →___________________。

4. 多、上去→________________________。

五、完成对话　Complete the dialogues

1. A：最近你的成绩越来越不好，____________________？

B：我父母要我回国，________________。

A：________________？

B：我的身体不好，在中国__________，所以______________。

A：你父母也是关心你，你们应该______________。

2. A：__________________？

B：______________。我妈妈病了。

A：是吗？______________________？

B：有点血压高 。

A：______________________？

B：不太严重。谢谢关心。

A：______________________。

B：你也要注意自己的身体啊！

六、句子匹配 Match the sentences

例如：明天安娜去北京。 F

A. 别着急，旧的不去，新的不来！

B. 不要伤心了，以后还会有机会的。

C. 别太难过，你一定会找到更好的工作的。

D. 先别着急，慢慢来，事情总会解决的！

E. 别太担心，我相信阿姨会早日健康出院的。

F. 她去中国朋友家。

1. 我被老板炒鱿鱼（chǎo yóuyú，**fire**）了，怎么办啊？ □
2. 最近生活总是有很多麻烦！ □
3. 这次出国的人里还是没有我！ □
4. 我妈妈又住院了！ □
5. 我的手机丢了怎么办啊？ □

七、说一说 Let's talk

遇到下面几种情况，你应该怎么劝劝他们？

1. 汤姆来中国已经三个月了，很不习惯这里的生活，非常想家。

2. 李华的身体不好，住进了医院。

3. 朴志安 HSK4 的考试还是没通过。

4. 王刚的父母让他去学习书法，但是他不想去。

5. 李丽没能考上理想的大学。

八、你知道吗　Do you know

中国情人节

七夕节，又名乞巧节，是中国的传统节日，在农历七月七日夜或七月六日夜妇女在庭院向织女星乞求智巧，故称为“乞巧”。

其起源于对自然的崇拜及妇女穿针乞巧，后被赋予了牛郎织女的传说使其成为象征爱情的节日。

2006 年 5 月 20 日，七夕节被中华人民共和国国务院列入第一批国家非物质文化遗产名录，现被认为是“中国情人节”。

dì shíyī kè
第十一课

Xué Hànyǔ
学汉语

shēngcí
生　词　New Words

1	地道	dìdao	形	authentic	很地道
2	怕	pà	动	to be afraid of	怕麻烦
3	声调	shēngdiào	名	tone	四个声调
4	闹	nào	动	to make	闹笑话
5	笑话	xiàohua	名	joke	讲笑话
6	发音	fāyīn	名	pronunciation	发音好听
7	郁闷	yùmèn	形	depressed	有点郁闷
8	语言	yǔyán	名	language	学语言
9	天才	tiāncái	名	genius	他是个天才
10	羡慕	xiànmù	动	to admire	羡慕别人

bǔchōng shēngcí
补　充　生　词　Supplementary Words

1	汉语桥	Hànyǔqiáo	名	Chinese Bridge	汉语桥比赛

kèwén
课 文 Text

（一）我的汉语总比别人差

朴志安： 阿米尔，你来中国多久了？

阿米尔： 已经来了三年了。

朴志安： 你的汉语说得真地道，只听你说话，还以为是中国人呢。

阿米尔： 哪里哪里，过奖了！

朴志安： 我来中国才比你少一年，可我的汉语说得为什么没有你好？我最怕汉语的四个声调了。

阿米尔： 其实三年前我的发音也不太好，经常闹笑话。

朴志安： 是吗？可我发现很多同学来中国的时间也不长，但发音比我好得多，我太郁闷了。

阿米尔： 可能有些人是学语言的天才吧。我听张老师说过，有个叫美罗的美国女孩儿， 汉语说得跟中国人一样好，还参加过“汉语桥”比赛呢。

朴志安： 是吗？我真羡慕她！

xuéxue liànlian
学 学 练 练 Learn and Practice

一、根据课文回答问题 Answer the following questions according to the text

1. 阿米尔的汉语学得怎么样？
2. 阿米尔和美罗比，谁的汉语更好？
3. 朴志安的汉语怎么样？他最怕什么？
4. 朴志安有什么感觉？

二、根据课文完成下面的句子 Complete the sentences according to the text

阿米尔来中国已经______，他的汉语说得很______，只听他说话，还______他是______呢。阿米尔有两个同学，一个是美罗，另一个是朴志安。美罗是个______女孩，她学语言有______，她的汉语说得______中国人______好，还参加过______比赛。朴志安是韩国人，他来中国______阿米尔______一年，朴安志的汉语______阿米尔______。朴志安______汉语的四个______了。因为发音的问题，朴志安很______。他很______阿米尔和美罗。其实，三年前，阿米尔的发音也经常______。

三、说一说 Let's talk

1. 对你来说，汉语的四个声调哪个最难？
2. 你有什么好办法练习汉语的发音？

shēngcí
生 词 New Words

1	大妈	dàmā	名	aunt	一位大妈
2	投	tóu	动	to throw	投钱
3	点头	diǎntóu	动	to nod	向我点头
4	凉快	liángkuai	形	nice and cool	很凉快
5	头	tóu	名	head	从头到脚
6	全身	quánshēn	名	the whole body	全身的衣服
7	往	wǎng	介	toward	往后走
8	耐烦	nàifán	形	to be patient	有点儿不耐烦
9	后头	hòutou	名	back	在后头
10	好玩	hǎowán	形	interesting	很好玩
11	编	biān	动	to make up	编故事
12	水饺	shuǐjiǎo	名	dumpling	煮水饺
13	被子	bèizi	名	quilt	盖被子

14	吻	wěn	动	to kiss	亲吻
15	流利	liúlì	形	fluency	很流利

bǔchōng shēngcí 补 充 生 词 Supplementary Words

1	顺口溜	shùnkǒuliū	名	doggerel	编顺口溜

kèwén 课 文 Text

(二)小笑话

阿米尔： 哈哈！这笑话太有意思了。

朴志安： 什么笑话？

阿米尔： 一位大妈上了公共汽车后投了一块钱，司机看着她说："两块。"大妈点点头回答："凉快！"司机又说："投两块。"大妈笑了笑，说："不光头凉快，全身都凉快。"边说边往车后走。司机不耐烦了："大妈，钱—投—两—块！"大妈也不耐烦地说："后头人少更凉快。"

朴志安： 太好玩儿了！这就是发音不好闹出的笑话。我为了练习发音，让中国朋友帮我编了个顺口溜儿。

阿米尔： 是吗？你说说看。

朴志安： 别把"我要水饺"说成"我要睡觉"；别把"想买杯子"说成"想买被子"；别把"想问问你"说成"想吻吻你"……

阿米尔： 哈哈，说得真流利！

xuéxue liànlian 学 学 练 练 Learn and Practice

一、根据课文回答问题 Answer the following questions according to the text

1. 阿米尔讲的笑话中什么发音错误让人发笑？
2. 为了练习发音，朴志安做了什么？

3. 朴志安的顺口溜中应该注意的发音问题有哪几个？

二、根据课文完成下面的句子 Complete the sentences according to the text

阿米尔讲了一个笑话：一位大妈上了公交车，______一块钱，司机告诉她，应该是两块，可是大妈听成了“__________”，司机又说：“投两块。”大妈还是听错了，她说：“不光__________，全身______。”这时，司机______了：“大妈，钱—投—两—块！”大妈也不耐烦地说：“______。”

三、说一说 Let’s talk

1. 你学汉语时有什么发音的困难？
2. 你说汉语时有没有闹过笑话？

功能项目 Functions

gōngnéng xiàngmù

一、比较事物 To compare things(两个事物比较大小、好坏……)

1. 我来中国才比你少一年。
2. 发音比我好得多。
3. 汉语说得跟中国人一样好。
4. 我的汉语说得为什么没有你好呢？
5. 我最怕汉语的四个声调了。

二、感叹 Interjectives

1. 我太郁闷了。
2. 太好玩了！
3. 这笑话太有意思了！
4. 我真羡慕她！
5. 你说得真流利！

三、劝阻 To dissuade(告诉对方不要做什么事)

1. 别把香蕉皮扔在马路上。

2. 别说了，你少说两句吧。

练一练 Exercises

liàn yí liàn

一、朗读词语 Read the phrases

1. 的哥 dīgē	赛车手 sàichēshǒu	飞行员 fēixíngyuán	驾驶员 jiàshǐyuán
2. 相声 xiàngsheng	小品 xiǎopǐn	笑林 xiàolín	一逗一捧 yídòuyìpěng
3. 大爷 dàye	舅舅 jiùjiu	嫂子 sǎozi	婶子 shěnzi
4. 蝙蝠 biānfú	乌鸦 wūyā	麻雀 máquè	喜鹊 xǐquè

二、替换和扩展 Substitution and extension

1. 我来中国才比你少一年。

我的成绩	……低两分
我的钱	比妹妹……
我的衣服	……
……	比你慢两分钟

2. 发音比我好得多。

我的汉语水平	妈妈……
小明的技术	班里的同学……
老师知道的笑话	……
……	别人都快

3. 汉语说得跟中国人一样好。

他新买的鞋	我的……
我现在的邻居对我	以前的邻居……
中餐	……
……	明星一样帅

三、读句子并根据提示说出更多的句子 Read the sentences and say more sentences according to the hints

1. 我的汉语为什么说得没有你好呢？

   你的成绩　妹妹　呢？→________________________。

   你的脾气　妻子　呢？→________________________。

   我的汉语　哥哥 →________________________。

   他穿的衣服　我的 →________________________。

2. 我最怕汉语的四个声调了。

   老师　学生迟到 →________________________。

   我　上数学课 →________________________。

   老鼠　猫 →________________________。

3. 这笑话太有意思了。

   这件事→________________________。

   这个女孩→________________________。

   今天的雨下得→________________________。

四、完成对话 Complete the dialogues

1. A：朴志安，你来中国________________？

   B：我来中国快三年了。

   A：我来中国只______________一年。

   B：但是，你的汉语________________。

   A：你过奖了，我的汉语________________。

   B：你太谦虚了。

   A：真的，我们班有个女孩，汉语说得____________。

   B：真的吗？我________________。

2. A：阿米尔，我真________________！

   B：为什么羡慕我？

   A：你的汉语说得________________！

   B：哪里哪里！两年前我还________________呢。

   A：是吗？

B：当然！我把“__________”说成了“我吻你”。

A：昨天我看了一个笑话，一位大妈把“____”说成了“凉快”；把“____”说成了“头凉快”……

B：看来，汉语的发音真的很重要。

五、句子匹配　Match the sentences

例如：明天安娜去北京。 F

A. 中国古代就有笑话集《笑林》，现代人喜欢的相声也充满了幽默 (yōumò)。

B. 小王，因为她的妆化得太夸张了，像魔鬼。

C. 不，小品比相声受欢迎。

D. 是的，老王的妻子比老王脾气好得多。

E. 没错，她的母语中没有一声、二声、三声、四声四个声调。

F. 她去中国朋友家。

1. 美罗说：汉语的四个声调很难学。 □
2. 外国人觉得中国人缺少幽默，你觉得他们的感觉对吗？ □
3. 你觉得老王没他的妻子脾气好，是吗？ □
4. 刚才你说最怕看见谁？ □
5. 小品和相声在春晚上一样受欢迎吗？ □

六、小组讨论　Group discussion

1. 你在学习汉语时认为哪个音最难发，你是如何练习的？（用上“最怕……”“跟……一样”“没有……那么……”。）

2. 请你读读下面的幽默笑话，然后再讲给大家听。

老鼠找了好久都没找到女朋友，所以它特别郁闷（yùmèn）。有一天，终于有一只瞎 (xiā) 了一只眼的蝙蝠 (biānfú) 向老鼠投来了橄榄枝 (gǎnlǎnzhī)，愿意嫁 (jià) 给它。老鼠十分高兴，别人笑话它没眼光，找了一个独 (dú) 眼龙……老鼠说：“你们懂 (dǒng) 什么？我的妻子好歹 (dǎi) 是个空姐。”

七、问一问、说一说　Ask and talk

跟大家说一说，你身边的朋友、同学、老师喜欢的一个笑话。

八、你知道吗　Do you know

相声是中国的一种曲艺表演艺术，起源于华北地区的民间说唱曲艺，在明朝已经盛行。经清朝时期的发展直至民国初年，发展到了高峰。相声可分为单口相声、对口相声和群口相声。

相声《贪（tān）小便宜（piányi）》

甲：在场的朋友们，大家！

合：晚上好！

甲：这个节目轮到咱们俩表演了！

乙：没错！

甲：给大伙说一段相声吧！

乙：好呀！

甲：希望在场的朋友们喜欢听我们说相声！

乙：都挺喜欢的！

甲：多听相声有利于身体的健康！

乙：是！

甲：大家听我们说相声，哈哈一笑，您什么烦恼 (fánnǎo) 都没有了！

乙：多好呀！

甲：好吧！当然了这里面除了我们之间的密切配 (pèi) 合以外，我师哥可以说是功不可没 (mò) 的！

乙：哟！太抬 (tái) 举我了！

甲：哎呦 (āiyōu)! 怎么会没有呢！相声里面讲究的是"三分逗 (dòu) 七分捧 (pěng)"，我占三分，你占七分，你敢说你的功劳没有我大！

乙：这倒是事实！

甲：但是话又说回来了！相声讲究一逗一捧，缺少了我们逗哏（gén）演员，这相声也没法子说！

dì shí'èr kè

第十二课

Qí chē qù shàng kè

骑车去上课

shēngcí

生词 New Words

1	师傅	shīfu	名	master	修车师傅
2	好像	hǎoxiàng	副	like	好像坏了
3	轮胎	lúntāi	名	tire	轮胎有问题
4	毛病	máobìng	名	trouble	出毛病
5	行	xíng	动	all right	不行
6	修理	xiūlǐ	动	to repair	修理自行车
7	要不	yàobu	连	otherwise	
8	取	qǔ	动	to take, to get	取东西
9	大爷	dàye	名	uncle (a polite way of addressing male elders)	大爷的车

bǔchōng shēngcí
补充生词 Supplementary Words

1	这不好说	zhè bù hǎo shuō		it's hard to say	
2	慢点儿	màndiǎnr		slow down, a little slower	

kèwén
课文 Text

（一）车坏了

李奇：师傅，我的车骑不动了，好像是轮胎出了毛病，您帮我看看吧。

师傅：这车挺旧的，不光是轮胎，很多地方都不行了，得好好修理。

李奇：这么多地方都需要修的话，得多少钱啊？我没带那么多钱出来。

师傅：大概要三十块吧。

李奇：那您估计多长时间才能修好？

师傅：不好说，可能半个小时，也可能一个多小时。

李奇：啊？我必须马上去上课，要不就迟到了。

师傅：这样吧，你要是急着上课就先走。下课以后再来取车，钱到时再给。

李奇：太好了，谢谢大爷！

师傅：没事儿，快去上课吧！

李奇：好，那我先去学校了。下午见！

师傅：慢点儿！

xuéxue liànlian
学学练练 Learn and Practice

一、根据课文回答问题 Answer the following questions according to the text

1. 李奇遇到什么问题了？
2. 李奇的车怎么样？
3. 李奇的车什么时候能修好？
4. 李奇为什么没等师傅修车？

二、根据课文完成下面的句子 Complete the sentences according to the text

李奇的车______，他觉得可能是______。修车师傅发现不光是轮胎，______，得______。李奇着急去______，因为______。但是修车师傅说不好______。师傅让李奇先______，下课以后______，钱也可以______。

三、说一说 Let's talk

1. 不认识的人之间有哪些称呼？（如：师傅、大爷。）
2. 你有自行车吗？有没有修理过自行车？跟大家说说你修车的经历。

shēngcí
生 词 New Words

1	优秀	yōuxiù	形	excellent	优秀学生
2	半路	bànlù	名	on the way	半路上
3	推	tuī	动	to push	推着车走
4	倒霉	dǎoméi	形	unlucky	倒霉的一天
5	只得	zhǐděi	副	have to	只得打车
6	打车	dǎchē	动	to take a taxi	打车出行
7	堵车	dǔchē	动	traffic jam	遇到堵车
8	肯定	kěndìng	副	certainly	肯定不行
9	发展	fāzhǎn	动	to develop	发展经济
10	交通	jiāotōng	名	traffic, transportation	城市交通
11	自然	zìrán	副	naturally	自然发生

bǔchōng shēngcí
补 充 生 词 Supplementary Words

1	呗	bei	助		好呗

kèwén
课 文 Text

(二)还是迟到了

王丽： 少见啊！我们班的优秀学生怎么也迟到了？

李奇： 别提了，自行车骑到半路坏了，我推着走了半天，才找到修车的地方。

王丽： 修好了吗？

李奇： 不知道。我没等修完就来上课了。

王丽： 要是这样的话，你不应该迟到这么长时间呀。

李奇： 倒霉呗。我先是等公共汽车，等了很久都没等到，没办法只得打车。

王丽： 打车应该很快啊！

李奇： 唉！半路车又堵住了，司机师傅告诉我每周一早上都肯定堵车。

王丽： 现在路上的汽车越来越多，能不堵吗？

李奇： 我觉得城市里应该多发展公共交通，如果公共汽车、地铁很方便的话，开车的人自然就不会这么多了。

王丽： 是啊，要是有一天不堵车了该多好啊！

xuéxue liànlian
学 学 练 练 Learn and Practice

一、根据课文回答问题 Answer the following questions according to the text

1. 李奇今天怎么来上课的？
2. 李奇为什么迟到了？
3. 李奇觉得什么办法可以让开车的人少一些？

二、根据课文完成下面的句子　Complete the sentences according to the text

王丽看见李奇________，这很少见。李奇的车________，他推着走了半天，才________。车没________，他就先来上课了。但是等了________，都没等到。他没办法只得________，但是半路________，出租车司机告诉李奇________。李奇觉得城市里应该________，如果________，开车的人________。

三、说一说　Let's talk

1. 你知道哪些交通工具？
2. 你迟到过吗？跟大家说说你为什么迟到的。

功能项目　Functions

gōngnéng xiàngmù

一、寻求帮助　To ask for help（向他人提出帮助自己的请求）

1. 您帮我看看吧。
2. 您能帮我个忙吗？

二、表示无奈　To express "have no choice but"（没有别的办法，虽然不愿意，但也只能这样做）

1. 很多地方都不行了，得好好修理修理。
2. 没办法只得打车。
3. 我只好找个地方修车。

三、表示估计　To indicate estimation（不肯定，估计大概的情况）

1. 好像是轮胎出了毛病。
2. 大概要三十块吧。
3. 这不好说，可能半个小时，也可能一个多小时。
4. 打车应该很快啊！

liàn yí liàn

练一练 Exercises

一、朗读词语 Read the phrases

lǎolao	lǎoye	jiùjiu	gūgu	biǎojiě	biǎodì	
1. 姥姥	姥爷	舅舅	姑姑	表姐	表弟	
chēmén	chēbǎ	chēdēng	chēlún	chēzuò	shāchē	fāngxiàngpán
2. 车门	车把	车灯	车轮	车座	刹车	方向盘
dìtiě	lúnhuá	dòngchē	huá chuán	diàndòngchē	mótuōchē	
3. 地铁	轮滑	动车	划船	电动车	摩托车	

二、用括号中的词语完成句子 Complete the sentences with the words in the brackets

1. 电脑没修好，____________________。（只好）
2. 我只有五块钱了，____________________。（只得）
3. A：她怎么了？

   B：____________________。（好像）
4. A：____________________？（大概）

   B：这不好说，从几十到几百的都有。
5. A：你几点能回来呀？

   B：____________________。（这不好说）
6. A：我太累了，____________________。（V+不+动）

   B：快到啦！

三、根据图片，用给出的词语完成对话 Complete the dialogues about the pictures with given phrases

提示：

您能帮我……	没问题
麻烦 (máfan) 您……	我看看……
可以帮我……	不好意思
……	……

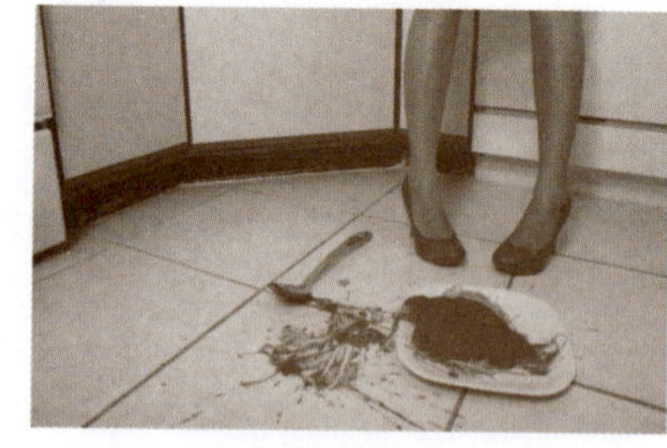

1. A:________________________。

B:________________________。

2. A:________________________。

B:________________________。

3. A: ________________________。

B:________________________。

4. A:________________________。

B:________________________。

四、句子匹配　Match the sentences

例如：明天安娜去北京。　　F

A. 您要哪天的？
B. 对不起，我着急去机场，没办法帮您。
C. 不太好找，我带你去吧。
D. 轮胎不行了。
E. 不好意思，我修了半天，也没修好。
F. 她去中国朋友家。

1. 麻烦您，能帮我把这个大箱子拿到楼上吗？ ☐
2. 请问离这儿最近的邮局怎么走？ ☐
3. 我的手机怎么样了？ ☐
4. 帮我看看有没有飞上海的打折机票？ ☐
5. 这车哪儿有毛病？ ☐

五、完成对话 Complete the dialogues

1. A: 你今天怎么不太高兴啊？
   B: 别提了，____________________。
   A: 那你今天怎么来的？
   B: ____________________。
   A: 别急，应该能找到。
2. A: ____________________？
   B: 没有，找了一天都没有。
   A: 你的车是不是____________________？
   B: 对啊，你看见了？
   A: ____________________。
   B: 对啊，我都忘了，太谢谢你了！
3. A: 妈，我的车找到了。
   B: ____________________？
   A: 我把车忘在__________，昨天早上去的时候我是________，但是回来的时候是走路回来的。
   B: 你呀！现在车骑回来了？
   A: 还没有，我忘了带车钥匙 (yàoshi)。
   B: ____________________。

六、说一说　Let's talk

你的国家常常堵车吗？政府(zhèngfǔ)用了什么办法解决堵车问题？你自己想到什么好办法吗？

七、小组讨论　Group discussion

你平时喜欢骑车，还是开车？为什么？

	好处	坏处	最终建议
骑车好			
开车好			

八、你知道吗　Do you know

有人说中国是"自行车王国"，那是因为在中国骑自行车的人特别多。中国人口有13亿多，自行车有4亿多，可以说没有人不会骑自行车。在有些国家，人们骑自行车可能主要是为了锻炼身体，或者是一种爱好。但是在中国，自行车是主要的交通工具。当然，在一些大城市，有不少人是为了锻炼身体，也有些人是担心路上堵车，用的时间太长，才坚持每天骑车上下班。

dì shísān kè
第十三课

Zhíwùyuán
植物园

shēngcí
生 词 New Words

1	急	jí	形	anxious	急死人
2	死	sǐ	形	to a high degree	热死了
3	对面	duìmiàn	名	opposite	看对面
4	个子	gèzi	名	stature	高个子
5	戴	dài	动	to wear	戴口罩
6	墨镜	mòjìng	名	sunglasses	戴墨镜
7	脾气	píqi	名	temper	有脾气
8	出发	chūfā	动	to start off	早点儿出发
9	抱歉	bàoqiàn	动	to be sorry	很抱歉
10	解释	jiěshì	动	to explain	向他解释
11	讨厌	tǎoyàn	形	boring	很讨厌

补充生词 Supplementary Words

bǔchōng shēngcí

1	可不是	kěbúshì		indeed	可不是，美罗走了
2	得了	déle		stop it	得了，我去吧

课文 Text

kèwén

（一）张亮迟到了

（杨平、王丽正在地铁站附近等人。）

杨平： 哎！张亮怎么还不来？急死人了！

王丽： 可不是，他十次有八次都迟到，老毛病了。

（五分钟后）

王丽： 杨平，你看对面走过来的那个高个子不就是张亮吗？

杨平： 哪个？

王丽： 戴着墨镜，边走边抽烟的那个。

杨平： 好像是他！张亮，快点！我们都等你半天了。

（张亮看了看手表。）

张亮： 别急嘛！杨平，你的脾气总是这么急。我很早就出发了，可路上堵车，我又忘了带手机，没办法跟你们联系，抱歉！抱歉！

杨平： 迟到了就不要解释了，真讨厌！

王丽： 你们俩别一见面就吵，都互相让着点儿多好。

（三人上了地铁。）

张亮： 得了！没座，站着吧！

学学练练 Learn and Practice

xuéxue liànlian

一、根据课文回答问题 Answer the following questions according to the text

1. 杨平为什么在地铁站附近着急？

2. 王丽说了张亮什么？

3. 张亮长什么样？

4. 张亮为什么迟到了？

二、根据课文完成下面的句子 Complete the sentences according to the text

杨平和王丽在______等人。张亮又______了。杨平说：真是______了！这时，王丽看到张亮从______走来，他戴着______，边______边______。张亮先向他们说______，又向他们______：自己很早就______了，可是，路上______又忘了带______，所以才______。

三、说一说 Let's talk

描述一位同学的外貌，让大家猜猜他是谁。

shēngcí 生词 New Words

1	植物	zhíwù	名	plant, botany	植物园
2	面积	miànjī	名	area	面积大
3	大约	dàyuē	副	about	大约5斤
4	来自	láizì	动	to come from	来自非洲
5	路线	lùxiàn	名	route	旅游路线
6	亚洲	Yàzhōu	名	Asia	亚洲国家
7	非洲	Fēizhōu	名	Africa	非洲各国
8	最后	zuìhòu	名	finally	等到最后

9	美洲	Měizhōu	名	America	美洲人
10	叶子	yèzi	名	leaf	树的叶子
11	扇子	shànzi	名	fan	一把扇子
12	原始	yuánshǐ	形	primitive	原始森林
13	森林	sēnlín	名	forest	大森林，一片森林
14	合影	héyǐng	动	to take a group photo	一起合影

补充生词 Supplementary Words

bǔchōng shēngcí

1	占地	zhàndì	动	to cover an area of	占地 1.2 公顷
2	公顷	gōngqǐng	量	hectare	一公顷
3	指	zhǐ	动	to point	指着我
4	木牌	mùpái	名	board	一块木牌
5	茄子	qiézi	名	eggplant	烧茄子

课文 Text

kèwén

（二）植物园

杨平： 天啊，这个植物园可真大啊！

王丽： 我从没见过这么大的植物园。

张亮： 面积大约有一公顷吧。

王丽： （指着一个木牌）这里有介绍：……占地 1.2 公顷，……有来自世界不同地方的上千种植物。

杨平： 参观植物园一共有三条路线，我们怎么走呢？

张亮： 我们先去亚洲园，再去非洲园，最后去美洲园，怎么样？

王丽： 好的，走吧！

张亮： 你们看，这种植物的叶子真大，像一把大扇子。

王丽： 快来看这儿，这是树叶吗？又细又软，像人的头发一样。

杨平：　这些奇怪的植物恐怕只有在原始森林才能见到。

张亮：　来，我们合个影吧。

王丽：　我先给你们俩照，一、二、三！

杨平：　茄子！

张亮：　茄子！

杨平：　哈哈张亮，你总是慢一点儿。

xuéxue liànlian
学 学 练 练　Learn and Practice

一、根据课文回答问题　Answer the following questions according to the text

1. 植物园有几条路线？
2. 植物园的木牌介绍了什么内容？
3. 杨平他们的参观顺序是什么？
4. 植物园中有哪些奇怪的植物？

二、根据课文完成下面的句子　Complete the sentences according to the text

杨平他们参观的植物园______很大，占地大约有1.2______，这里有______世界各地的上千种植物。植物园一共有三条______，他们先去______，再去______，最后去______，这里有的植物叶子很大，像一把大______。有的叶子又______又______，恐怕只有在原始______才能见到。

三、说一说　Let's talk

1. 说一说你去过的好玩的地方。（如：动物园、图书馆、博物馆等。）
2. 说一说你看过的植物的样子。

gōngnéng xiàngmù
功能项目 Functions

一、描述人物特征 To describe characters of some person（人的身高、眼睛、鼻子、嘴等长什么样）

1. 你看对面走过来的那个高个子不就是张亮吗？
2. 戴着墨镜，边走边抽烟的那个。

二、描述事物特征 To describe characters of something

1. 这种植物的叶子非常大，像一把大扇子。
2. 这是树叶吗？又细又软，像人的头发一样。

三、做事的顺序 The order of doing things

我们先去亚洲园，再去非洲园，最后去美洲园，怎么样？

liàn yí liàn
练一练 Exercises

一、朗读词语 Read the phrases

1. liǔshù 柳树　yángshù 杨树　huáishù 槐树　wútóngshù 梧桐树
2. nánguā 南瓜　dōngguā 冬瓜　xīguā 西瓜　xiàngrìkuí 向日葵
3. diàolán 吊篮　lǜluó 绿萝　dùjuān 杜鹃　jiāzhútáo 夹竹桃
4. mùběnzhíwù 木本植物　cǎoběnzhíwù 草本植物　yěshēngzhíwù 野生植物

二、替换和扩展 Substitution and extension

1. 这种植物的叶子非常大，像一把大扇子。

……	一个大苹果
这座山	……
这片云	……

2. 这种树叶又细又软，像人的头发一样。

她的头发	黑	长	……
她的声音	……	……	小猫
……	……	……	老师

3. 我们先去亚洲园，再去非洲园，最后去美洲园，怎么样？

我们	找小王	吃饭	看电影
大家	去图书馆	……	……
我想	买房子	……	……

三、读句子并根据提示说出更多的句子 Read the sentences and say more sentences according to the hints

1. 戴着墨镜，边走边抽烟的那个。

   头巾　走　打手机 →____________________。

   西装　走　回头 →____________________。

   红裙子　喝咖啡　聊天 →____________________。

2. 你看对面走过来的那个高个子不就是张亮吗？

   跑过来　矮个子 →____________________。

   骑车过来　穿红色西装的 →____________________。

   刚下车的　戴墨镜的 →____________________。

3. 这些奇怪的植物恐怕只有在原始森林才能见到。

   鸟　原始森林 →____________________。

   长城　北京 →____________________。

   这种大树　我的家乡 →____________________。

4. 你们俩别一见面就吵，都互相让着点儿。

   学　会　聪明 →____________________。

   吃　撑　饭量 →____________________。

   感冒　发烧　身体差 →____________________。

四、完成对话 Complete the dialogues

1. A: 周末我们去植物园参观吧。

   B: 太好了，不过，我住得很远，我怕______________。

   A: 你可以坐地铁呀，肯定不堵车。

   B: 好主意！我家的________就有地铁站，很方便。

   A: 你________出发呀！

   B: 是的，上次我迟到了，你就对我发脾气，你的______________。

   A: 我等这么久，人都等急了。

   B: 那是我忘了带手机。

   A: 你__________迟到，老毛病了。这次……

   B: 这次，我一定不迟到。

2. A: 这个博物馆太大了。

   B: 没错，占地__________，差不多有十个足球场大。

   A: 我看看指示牌的介绍：一共有__________。我们怎么走？

   B: 我们按一定顺序来参观吧？

   A: 好吧。我们先__________，再__________最后__________怎么样？

   B: 我想还是先__________，再__________，最后__________。

   A: 为什么？

   B: 在原始森林拍照需要阳光，最后再去，天都快黑了。

   A: 好的。你看这种植物是树叶吗？又__________又__________怎么像__________？

   B: 看这里，这个叶子太大了，像__________。

   A: 咱们合个影吧。

   B: 一二“______”。

五、句子匹配 Match the sentences

例如：明天安娜去北京。 F

A. 占地大约 2.1 公顷。

B. 由于堵车，张亮迟到了，杨平等急了，就……

C. 张亮长的个子很高，眼睛很大，留着飞机头，很酷的。

D. 因为发“茄子”这个音时人的口形特别好看。

E. 王丽觉得女孩子戴墨镜很漂亮。

F. 她去中国朋友家。

1. 王丽喜欢戴墨镜，你知道为什么吗？ □

2. 这个植物园有来自世界各地的植物，你猜猜植物园有多大？ □

3. 杨平和张亮吵架，为什么？ □

4. 张亮长什么样？ □

5. 照相时，大家都喜欢喊一声“茄子”，为什么？ □

六、说一说 Let's talk

1. 根据下图描述一个人物的特征。

（1）头发：

（2）脸型：

（3）眼睛：

（4）鼻子：

（5）嘴巴：

（6）衣服：

（7）体形：

2. 描述一下饭店的场景。

（1）桌子：

（2）椅子：

（3）地面：

（4）房顶：

七、问一问，说一说　Ask and talk

你身边的朋友、同学、老师都见过什么样的植物、建筑物，描述一下。

	事物	特点	比喻一下	你觉得怎样
第一个人	高楼			
第二个人				
第三个人				
……				

八、你知道吗　Do you know

很多植物有净化空气的作用，比如：吊兰、绿萝、巴西木等都有很好的净化空气作用。当然也有一些植物不适合在室内养殖，比如：夹竹桃、杜鹃等开花植物，虽然漂亮，但是对人体是有害的。

diàolán
吊　兰

lǜluó
绿　萝

dùjuān
杜　鹃

jiāzhútáo
夹竹桃

dì shísì kè

第十四课

Sòng lǐwù

送礼物

shēngcí

生词 New Words

1	本来	běnlái	副	originally	本来想去
2	然而	rán'ér	连	however	
3	竟然	jìngrán	副	unexpectedly	竟然没来
4	发生	fāshēng	动	to happen	发生误会
5	钟	zhōng	名	clock	送钟
6	送终	sòngzhōng	动	to attend upon a dying parent or other senior member of one's family	为……送终
7	死亡	sǐwáng	名	death	和死亡有关
8	吉利	jílì	形	lucky	不吉利
9	随便	suíbiàn	副	casually	随便说
10	散	sàn	动	to disperse	散开
11	分开	fēnkāi	动	to separate	把他们分开
12	因此	yīncǐ	连	therefore	

kèwén
课 文 Text

（一）送礼物

不知道你在中国遇到过这种事儿吗？你送朋友一份礼物，本来是想让他们开心，然而竟然发生了误会，结果弄得大家都不高兴。那么在中国送礼物要注意什么呢？在中国有些东西是不可以送的，比如不可以送“钟”，因为“钟”和“终”发音一样，而“送终”和死亡有关，所以送“钟”听起来不吉利。另外，“伞”也是不能随便送的。“伞”和“散”发音差不多，而“散”有分开的意思，因此朋友结婚的时候你送“伞”就会发生误会。以后再想送中国朋友礼物，可一定要注意啦！

xuéxue liànlian
学 学 练 练 Learn and Practice

一、根据课文回答问题 Answer the following questions according to the text

1. 有时你送中国朋友一份礼物，他们为什么会不高兴？
2. 为什么不可以送“钟”？
3. 什么时候不能送朋友伞？为什么？
4. 在中国送朋友礼物要注意什么？

二、说一说 Let' s talk

1. 在你的国家不能送什么？
2. 在你的国家什么礼物是受欢迎的？

生　词　New Words

shēngcí

1	旗袍	qípáo	名	cheongsam	一件旗袍
2	喜庆	xǐqìng	形	jubilant	喜庆的颜色
3	样子	yàngzi	名	sample, model	衣服样子
4	皮肤	pífū	名	skin	好皮肤
5	效果	xiàoguǒ	名	effect	有效果
6	果然	guǒrán	副	really, as expected	果然很好
7	商场	shāngchǎng	名	department store	大商场
8	活动	huódòng	名	activity	有活动
9	开票	kāipiào	动	to make out an invoice	给我开票
10	银台	yíntái	名	counter	在银台交钱
11	尴尬	gāngà	形	embarrassed	尴尬的事儿

课　文　Text

kèwén

（二）买旗袍

（大卫的妹妹要结婚了，他想送妹妹一件旗袍，周日他叫王丽跟他去商店买一件。）

大卫　：　王丽，你看这件白色的怎么样？

王丽　：　结婚得穿红色的旗袍。

大卫　：　中国人结婚为什么要穿红色的衣服呀？

王丽　：　因为红色喜庆。

大卫　：　你觉得这件红色的样子好吗？

王丽　：　还行，不知道穿上怎么样。

大卫　：　我妹妹高矮、胖瘦都跟你差不多，你帮她试试吧？

王丽　：　好的。服务员，我可以试试这件吗？

服务员：　可以，您穿多大号的？

王丽　：　您看呢？

服务员：　先试试中号的吧，试衣间在这边。

（王丽试好衣服走出来。）

王丽　：　好看吗？

服务员：　您皮肤白，效果非常好。

大卫　：　果然很美！不过好像小了点儿。

服务员：　那我给您拿一件大号的。

大卫　：　好，我买大号的吧！可以打折吗？

服务员：　我们店的衣服平时都不打折，不过现在商场有活动，可以打八折。

大卫　：　太好啦！给我开票吧。

服务员：　给您票，请到银台交钱。

大卫　：　好的。

学学练练 (xuéxue liànlian) Learn and Practice

一、根据课文回答问题　Answer the following questions according to the text

1. 大卫为什么想送他妹妹一件旗袍？
2. 为什么王丽不让大卫买白色的旗袍？
3. 大卫为什么让王丽帮他妹妹试衣服？
4. 王丽穿上旗袍怎么样？
5. 这件旗袍为什么能便宜一点儿？

二、根据课文完成下面的句子　Complete the sentences according to the text

大卫的妹妹要______了，他想送她______。因为王丽的______跟他妹妹差不多，所以他叫王丽______。大卫一开始想买一件______的旗袍，因为西方人结婚穿______的衣服。但是王丽建议他买______的，中国人结婚穿旗袍要穿______，因为______。王丽穿上旗袍后，大卫觉得______非常好，不过号码好像______，所以他决定买______。

三、说一说　Let's talk

1. 说说女生可能喜欢什么礼物？男生呢？
2. 你遇到过什么因为送礼物而碰到的尴尬事？

gōngnéng xiàngmù
功 能 项 目 Functions

一、询问意见 To ask for advice(问对方的想法)

1. 你看这件白色的怎么样？
2. 你觉得这件红色的样子好吗？
3. 您看呢？
4. 好看吗？

二、委婉建议 To give advice euphemistically(不直接说出自己的建议，让对方容易接受)

1. 结婚穿红色的旗袍好看。
2. 不过好像小了点儿。

三、赞美 To praise(表扬、称赞对方)

1. 您皮肤白，效果非常好。
2. 果然很美！

liàn yí liàn
练 一 练 Exercises

一、朗读词语 Read the phrases

1. wéijīn 围巾	sījīn 丝巾	pījiān 披肩	lǐngdài 领带	pídài 皮带
2. lǐpǐn 礼品	lǐbāo 礼包	jiǎngpǐn 奖品	jiǎnglì 奖励	jiǎngjīn 奖金
3. báijiǔ 白酒	hóngjiǔ 红酒	pútaojiǔ 葡萄酒	jīwěijiǔ 鸡尾酒	wēishìjìjiǔ 威士忌酒

二、按照例句完成对话 Complete the dialogues according to the examples

1. 例：A：你觉得这件红色的样子好吗？

B：还行，不知道穿上怎么样。

A: ________________________?

B: 挺好的，不过好像有点儿贵。

A: ________________________?

B: 还可以，不过好像有点儿甜。

A: ________________________?

B: 也行，就是不知道她喜不喜欢看足球比赛。

2. 例：A: 你送玛丽礼物了？她一定很高兴吧？

B: 我本来<u>是想让她开心，</u>可是竟然<u>发生了误会。</u>

A: 你今天怎么迟到了？

B: 我本来________，可是自行车竟然________。

A：这雨下得真大啊！

B: 我本来________，可是一出门竟然________。

A：你昨天去吃中国菜了吗？

B: 我本来________，可是竟然________。

三、根据图片，用给出的词语说一个句子 Say a sentence about the picture with given words

1. 皮肤、效果 → ____________________

2. 干净、效果→ ____________________

3. 喜庆、效果→____________________

4. 换人、效果→____________________

四、用括号中的词语完成句子 Complete the sentences with the words in the brackets

1. A：我送美罗一把伞怎么样？
   B：____________________。（随便）
   A：朋友结婚________，因为________。（误会）
   B：以后____________________！（注意）
   A：我下次注意。
2. A：____________________好吗？（旗袍）
   B：还行，____________________。（颜色）
   A：白色的不好吗？
   B：____________________。（喜庆）
   A：这件红色的样子怎么样？
   B：你结婚穿的话效果一定不错。

五、句子匹配 Match the sentences

例如：明天安娜去北京。　　F

A. 结婚穿红色的旗袍喜庆。
B. 你穿多大的？
C. 怎么呢？
D. 效果不错啊！
E. 她误会我的意思了。

F. 她去中国朋友家。

1. 给人送“钟”多不吉利啊！ ☐
2. 你怎么不买白色的旗袍？ ☐
3. 她怎么不说话了？ ☐
4. 你看怎么样？ ☐
5. 我可以试试吗？ ☐

六、小组讨论 Group discussion

1. 说说你们国家的人怎么选礼物，喜欢送朋友什么礼物，为什么？
2. 在你的国家，人们结婚时喜欢穿什么样的衣服呢？能拿图片来让大家看看吗？

七、问一问，说一说 Ask and talk

问问你的中国朋友或者其他中国人过生日、结婚或者搬新家的时候，送什么礼物比较好？为什么？

	过生日	结婚	搬新家
第一个人			
第二个人			
第三个人			

八、你知道吗 Do you know

中国人喜欢喝茶，茶在中国是最受欢迎的饮料，主要有绿茶、红茶、乌龙茶等。每天喝一杯茶对人的身体健康有好处，老人孩子都可以喝茶，所以在中国送朋友礼物的话茶叶是很好的选择。除了茶叶，中国人还会送杯子，意思是想跟喜欢的人一辈子在一起；送花或者巧克力，代表着浪漫、甜蜜；送营养品意思是送健康；送花瓶、工艺品代表友谊和祝福。

wū lóngchá
乌龙茶

lǜ chá
绿茶

hóngchá
红茶

dì shíwǔ kè
第十五课

Zhōngguó guàishì duō
中国怪事多

shēngcí
生 词 New Words

1	老外	lǎowài	名	foreigner	一个老外
2	打招呼	dǎzhāohu	动	to say hello to	跟他打招呼
3	根	gēn	量	（measure word）	两根筷子
4	细	xì	形	fine, thin	细长
5	工具	gōngjù	名	tool, means	工具书
6	家庭	jiātíng	名	family	一个家庭
7	广场	guǎngchǎng	名	square	广场舞
8	对象	duìxiàng	名	boy friend or girl friend	介绍对象
9	响声	xiǎngshēng	名	sound	噼里啪啦的响声
10	拥挤	yōngjǐ	形	crowded	特别拥挤
11	求	qiú	动	to demand	一票难求
12	现象	xiànxiàng	名	phenomenon	好现象
13	春运	chūnyùn	名	transport during the Spring Festival	春运的时候
14	理解	lǐjiě	动	to understand	理解人

课 文 Text

kèwén

(一)中国那些事儿

中国有很多事儿让我们“老外”觉得奇怪。中国人见面打招呼，喜欢说：“吃了吗？”

吃饭的时候，你会在桌子上发现两根儿又细又长的叫作“筷子”的东西。

中国是一个自行车王国，人多，车也多，自行车是中国人常用的交通工具。

大多数中国家庭只有一个孩子，他们没有兄弟姐妹。

在中国很多人喜欢中午睡一会儿觉，他们说午睡对身体好。

许多老年人早上锻炼身体，晚上跳广场舞，他们还经常给儿女介绍对象。

中国人结婚要穿红色的衣服。

在热闹的节日里，比如春节，你会听到噼里啪啦的响声，那就是鞭炮声。

春节前后，你会发现交通特别拥挤，火车票一票难求，这个奇怪的现象被叫作春运。

不要奇怪，你知道中国这些事儿以后，你会更多地了解中国、理解中国人。

学 学 练 练 Learn and Practice

xuéxue liànlian

一、根据课文回答问题 Answer the following questions according to the text

1. 中国人见面怎么打招呼？
2. 中国的老年人喜欢做什么？
3. 春节前后会有什么现象？
4. 中国人会在什么时候放鞭炮？

二、说一说 Let's talk

1. 在你的国家，人们是怎么打招呼的？
2. 说说你在中国觉得奇怪的事儿。

生　词　New Words
shēngcí

1	顶	dǐng	量	（measure word）	一顶帽子
2	场合	chǎnghé	名	occasion	重要场合
3	具体	jùtǐ	形	specific	具体办法
4	相反	xiāngfǎn	形	opposite	相反的方向
5	绝对	juéduì	副	absolutely	绝对不行
6	鲜艳	xiānyàn	形	bright-colored	鲜艳的衣服
7	受不了	shòubuliǎo	动	can not stand	让人受不了
8	既然	jìrán	连	now that	既然是这样

课　文　Text
kèwén

（二）去商店买帽子

朴志安：　我戴这顶帽子帅不帅？

阿米尔：　还行，不过这颜色有点儿……

朴志安：　绿色的不好吗？

阿米尔：　我听说中国人不喜欢戴绿帽子。

朴志安：　什么原因呢？

阿米尔：　“戴绿帽子”的意思好像是说他的妻子爱上别人了。

朴志安：　你懂的还挺多。

阿米尔： 我也是听一个朋友说的。在中国不同的场合对颜色的选择也不同。

朴志安： 能具体说说吗？

阿米尔： 中国人结婚用红色，不用黑色。相反，如果家里死了人，要用黑色，这时绝对不能用红色等鲜艳的颜色。

朴志安： 那我换顶蓝色的，怎么样？

阿米尔： 蓝色挺适合你的。

朴志安： 红的也不错，我还想再买一个。

阿米尔： 真受不了你。既然你这么喜欢帽子就买吧！

学学练练 (xuéxue liànlian) Learn and Practice

一、根据课文回答问题 Answer the following questions according to the text

1. 朴志安可能喜欢什么颜色？
2. 中国人为什么不喜欢戴绿帽子？
3. 在中国什么场合不用黑色？什么场合不用鲜艳的颜色？
4. 朴志安买了几顶帽子？

二、根据课文完成下面的句子 Complete the sentences according to the text

朴志安和阿米尔在商店______。朴志安本来想______，可是阿米尔觉得绿色______。阿米尔告诉朴志安在中国“戴绿帽子”的意思是______，而且不同的______对颜色的选择________。中国人结婚要________，绝不能________。相反，如果家里______，要穿______或者______的衣服，绝不能用______。朴志安听了以后决定______。

三、说一说 Let's talk

1. 说说你喜欢什么颜色。
2. 你知道中国人结婚时为什么不能用黑色？家里死了人，一定要用黑色吗？

gōngnéng xiàngmù
功能项目 Functions

一、询问原因 To ask why(询问事情的原因)

1. 什么原因呢?
2. 为什么呀?
3. 你的理由是什么?

二、追加询问 Supplementary inquiry(听完别人的话感到不理解,特别想知道原因和具体情况时,就对别人刚说完的话继续进行询问,期待别人做出具体详细的解释说明)

1. 绿色的不好吗?
2. 能具体说说吗?

三、表示不满意 To express unsatisfaction(当你不满意时可以用的表达)

1. 还行,不过这颜色有点儿……
2. 真受不了你。既然你这么喜欢帽子就买吧!

四、对比 To compare(对两个不同的情况进行对比说明)

中国人结婚用红色,不用黑色。相反,如果家里人死了,要用黑色,这时绝不能用红色等鲜艳的颜色。

liàn yí liàn
练一练 Exercises

一、朗读词语 Read the phrases

duìlián 1. 对联	dēnglong 灯笼	biānpào 鞭炮	niánhuà 年画	Zhōngguójié 中国结
rèqíng 2. 热情	chúnjié 纯洁	hépíng 和平	làngmàn 浪漫	quánlì 权利
qīngsè 3. 青色	zǐsè 紫色	chéngsè 橙色	wèilán 蔚蓝	huīsè 灰色

二、按照例句完成对话 Complete the dialogues according to the examples

1. 例：A：你说在中国不同的场合用不同的颜色，能具体说说吗？

B：中国人结婚用红色，不用黑色。相反，如果家里人死了，要用黑色，这时绝不能用红色等鲜艳的颜色。

A：你和你妹妹的爱好一样吗？

B：________________________。

A：鸟儿春天从南方飞到北方来，秋天呢？

B：________________________。

A：我们一般都晚上睡觉，他跟我们一样吗？

B：________________________。

2. 例：A：红的也不错，我还想再买一个。

B：真受不了你。既然你这么喜欢帽子就买吧！

A：我还想再吃一块儿蛋糕，就最后一块儿，好不好嘛？

B：________________________。

A：电影马上就完了，我就再看一会儿，很快就去睡。

B：________________________。

A：我错了，这是最后一次，以后我再也不喝酒了。

B：________________________。

三、根据图片，用给出的词语说一个句子 Say a sentence about the picture with given words

1. 拥挤、受不了→ ________________________。

2. 响声、受不了→____________________。

3. 排队、受不了→____________________。

4. 短裙、受不了→____________________。

四、用括号中的词语完成句子　Complete the sentences with the words in the brackets

1. A: 我春节前本来想去哈尔滨玩儿，可是竟然买不到火车票了。

   B: 是啊！春节前后火车站常常____________。（求）

   A: ______________？(原因)

   B: 因为人们要回家过春节啊！

   A: 哦，____________？（具体）

   B: 很多中国人家在一个城市，工作在另外一个城市，春节前他们要回家，春节后他们再回去工作。____________？（现象）

   A: 我知道了，这就是春运。

2. A: 他们一见到我就笑，____________？(原因)

   B: 可能是因为你戴的绿帽子。

   A: ________________？（鲜艳）

   B: 不是，是因为“戴绿帽子”有别的意思。

   A: ________________？（具体）

   B: 如果一个人的妻子爱上别人了，人们就说他_____。

   A: 原来是这样啊！

五、句子匹配　Match the sentences

例如：明天安娜去北京。　F

A. 好主意，不过你带的钱够吗？

B. 什么原因呢？

C. 那是在跟你打招呼呢。

D. 还行，不过这颜色有点儿深。

E. 你懂的还挺多。

F. 她去中国朋友家。

1. 这是鞭炮声，不用害怕。　☐
2. 我穿这条裙子好看吗？　☐
3. 我想给妹妹再买一条裙子。　☐
4. 中国人总问我“吃了吗”，什么原因呢？　☐
5. 你可别春运的时候出去旅游。　☐

六、小组讨论　Group discussion

1. 介绍一下你们国家的国旗有几种颜色，分别代表什么意思。
2. 在你的国家，不同场合需要穿不同颜色的衣服吗？跟大家简单介绍一下。

七、问一问，说一说　Ask and talk

问问不同国家的留学生在中国什么事儿让他们觉得新鲜，然后问问他们国家的事儿跟中国有什么不同，找找不同的国家让你觉得新鲜的事儿，课上说一说。

八、你知道吗　Do you know

在中国人眼里，红色代表热情、喜庆；黑色代表严肃、庄重；黄色代表尊贵、皇权；白色代表纯洁、简单；蓝色是天空和大海的象征；绿色代表生命、和平；灰色代表消极、深沉；紫色代表浪漫、神秘。这些颜色对你来说有不同的意义吗？

dì shíliù kè

第十六课

Zànměi yǔ pīpíng

赞美与批评

shēngcí

生词 New Words

1	脱	tuō	动	to take off	脱衣服
2	卫生	wèishēng	名	cleaning up	打扫卫生、做卫生
3	干	gàn	动	to do	干活儿
4	家务	jiāwù	名	housework	干家务
5	能干	nénggàn	形	capable	真能干
6	按摩	ànmó	动	to massage	做按摩
7	凉	liáng	形	cool	凉了
8	香	xiāng	形	fragrant	很香
9	老婆	lǎopo	名	wife	能干的老婆
10	手艺	shǒuyì	名	skill	做饭的手艺
11	闻	wén	动	to smell	闻闻味道
12	改	gǎi	动	to change	把毛病改了
13	彻底	chèdǐ	副	thoroughly	彻底改了

课　文　Text

kèwén

(一) 饭真香

丈夫：　我回来啦！

妻子：　快把鞋脱了！

丈夫：　呀，这么干净！老婆又做卫生了吧！

妻子：　是啊，累死我了，干了一下午的家务。

丈夫：　老婆真能干，辛苦了！我帮你按摩一下儿吧！

妻子：　不用啦！快洗洗手吃饭吧，菜都要凉了。

丈夫：　好！

（坐到饭桌前）

丈夫：　好香啊！老婆真好！进家就有好吃的。

妻子：　尝尝这个怎么样？

丈夫：　嗯，好吃！你这做饭的手艺越来越好了！

妻子：　你今天怎么这么晚回来啊？

丈夫：　别提了！都快下班了，突然有点儿事儿。

妻子：　什么味道？（闻了闻）你是不是又抽烟了？

丈夫：　嗯……啊……那什么……

妻子：　别解释了！你这毛病还能不能改了？

丈夫：　能改，肯定能改，这次我要彻底把烟戒了。

妻子：　哼！这话你都说了八百遍了，谁相信啊！

学　学　练　练　Learn and Practice

xuéxue liànlian

一、根据课文回答问题　Answer the following questions according to the text

1. 妻子为什么很累？
2. 丈夫给妻子按摩了吗？为什么？
3. 丈夫今天为什么回来得很晚？
4. 妻子为什么不太高兴？

二、根据课文完成下面的句子 Complete the sentences according to the text

丈夫回家后发现家里______，这是因为妻子______。他想帮妻子______，但是菜要凉了，妻子让他快______。丈夫洗完手，尝了尝妻子______，觉得妻子的手艺______。丈夫今天______，因为他快下班的时候______。妻子突然闻到______，她知道______，很生气。丈夫想解释，但是妻子不想听，丈夫决定这次要彻底______，但是妻子______。

三、说一说 Let's talk

1. 你常常做家务吗？常做哪些家务？（如：擦桌子、做饭、扫地……）
2. 你喜欢做哪项家务？不喜欢做哪项家务？为什么？

生词 New Words
shēngcí

1	报告	bàogào	名	report	写报告
2	秘书	mìshu	名	secretary	经理秘书
3	弄	nòng	动	to do	弄好
4	耽误	dānwu	动	to delay	耽误时间
5	敲	qiāo	动	to knock	敲门
6	全	quán	副	completely, entirely	全错了
7	领导	lǐngdǎo	动	to lead	领导得好
8	表现	biǎoxiàn	名	performance	表现不错
9	辜负	gūfù	动	to fail to live up to, to let down	不能辜负父母
10	信任	xìnrèn	名/动	trust/to trust	对你十分信任

bǔchōng shēngcí
补充生词 Supplementary Words

1	拖拖拉拉	tuōtuo-lāla	形	dilatory	做事拖拖拉拉
2	职员	zhíyuán	名	office worker	公司职员
3	市场部	shìchǎngbù	名	the marketing department	在市场部工作

kèwén
课文 Text

(二)办公室的故事

（总经理办公室）

总经理　：小张，十点了吧，怎么才来？昨天的报告写完了吗？

秘书小张：还差一点儿，我写完马上给您。

总经理　：昨天就该给我了，怎么今天还没弄好！最近你总是拖拖拉拉的，以后不能再这样了。

秘书小张：对不起，突然有点儿事儿耽误了，我马上就给您。

总经理　：你让小王来一下儿！

（小王敲门）

总经理　：请进！

职员小王：经理您找我？

总经理　：小王，你来咱们公司有五六年了吧？

职员小王：是啊，刚来时咱们公司只有二三十人，现在都有一百多人了。

总经理　：公司能发展到今天，全靠你们这些能干的年轻人啊！

职员小王：您领导得好也是很重要的。

总经理　：这几年你表现不错，公司决定让你做市场部经理。

职员小王：谢谢您！我一定继续努力！不辜负公司的信任。

总经理　：年轻人好好干！

xuéxue liànlian

学 学 练 练 Learn and Practice

一、根据课文回答问题 Answer the following questions according to the text

1. 总经理为什么批评小张？他有哪两件事做得不好？
2. 总经理找小王做什么？
3. 他们的公司这五六年发展得怎么样？

二、根据课文完成下面的句子 Complete the sentences according to the text

秘书小张今天______，十点才来上班。他突然______，耽误了写报告，应该昨天______，但是今天______。经理觉得小张最近______，告诉他以后______。

职员小王来公司______，他刚来的时候公司______，现在已经______。这几年小王的表现______，公司决定______。小王以后会______，不辜负______。

三、说一说 Let's talk

1. 如果你是总经理，你会怎么批评（pīpíng）像小张这样的人？

2. 如果你是总经理，你会怎么表扬（bǎoyáng）像小王这样的人？

gōngnéng xiàngmù

功 能 项 目 Functions

一、赞美与表扬 To eulogize and praise（认为他人做的事情很好，提出表扬、肯定或赞美）

1. 这么干净！
2. 老婆真能干！
3. 饭菜好香啊！老婆你真好！
4. 真好吃！你做饭的手艺越来越好了！
5. 这几年你表现得很不错啊！
6. 公司能发展到今天，全靠你们这些能干的年轻人啊！

二、批评与抱怨 To criticize and complain（认为他人不应该这样做，对他提出批评，抱怨他的做法）

1. 你这毛病还能不能改了？
2. 哼！这话你都说了八百遍了，谁相信啊！
3. 最近你总是拖拖拉拉的，以后不能再这样了！
4. 你辜负了大家对你的信任。

liàn yí liàn 练 一 练 Exercises

一、朗读词语 Read the phrases

1. 扫地 sǎodì　拖地 tuōdì　洗碗 xǐwǎn　整理 zhěnglǐ　收拾 shōushi　擦窗户 cā chuānghu
2. 恭喜 gōngxǐ　祝贺 zhùhè　幸运 xìngyùn　精彩 jīngcǎi　聪明 cōngmíng　精神 jīngshén
3. 邋遢 lāta　笨蛋 bèndàn　小气 xiǎoqi　抠门儿 kōuménr　烦人 fánrén　讨厌 tǎoyàn

二、完成对话 Complete the dialogues

1. A: 试试我给你买的这件衣服怎么样？

   B:______________________！

2. A: 尝尝我做的鱼。

   B:______________________！

3. A: 怎么还没写完作业啊？

   B: 别提了，______________________。

4. A:______________________。

   B: 这毛病我一定改！

5. A:______________________。

   B: 谢谢经理，我会继续努力。

三、读句子并根据提示说出更多的句子 Read the sentences and say more sentences according to the hints

1. 快把鞋脱了。

快____________________。

你____________________。

把____________________。

2. 这次我要彻底把烟戒了。

我已经____________________。

我想____________________。

我一定____________________。

3. 秘书小张被总经理批评了。

饭菜____________________。

门____________________。

我____________________。

四、句子匹配　Match the sentences

例如：明天安娜去北京。 F

A. 我以后一定努力！

B. 谢谢您，我会继续努力的！

C. 不会再有下一次了！

D. 当然，为了老婆做什么都可以。

E. 您过奖了，主要是您领导得好。

F. 她去中国朋友家。

1. 小王，你越来越能干了，加油啊！ □

2. 老公，今天你表现得不错呀！ □

3. 跟你说过很多次了，抽烟对身体不好，以后别再抽了。 □

4. 这次能成功，主要是因为你的努力。 □

5. 你工作时能不能认真点儿、努力点儿！ □

五、完成对话 Complete the dialogues

1. 老师：李奇，来我办公室一下儿。

   李奇：____________________？

   老师：今天怎么又迟到了？

   李奇：别提了，____________________。

   老师：下次____________________。

   李奇：我以后____________________。

2. 妈妈：都______，怎么还不起床？

   儿子：____________________。

   妈妈：____________________？

   儿子：老师让明天交，不着急。

   妈妈：你呀，____________________。

   儿子：这拖拖拉拉的毛病，我一定改。

   妈妈：____________________。

六、你想对他说什么 What would you say to him/her

1. 演员刚表演完。

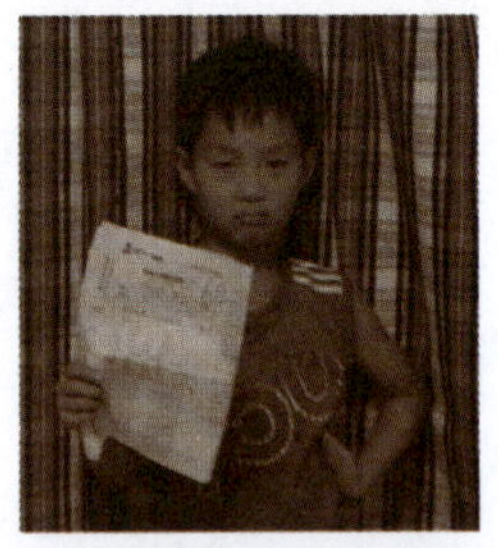

2. 你的孩子不好好学习。

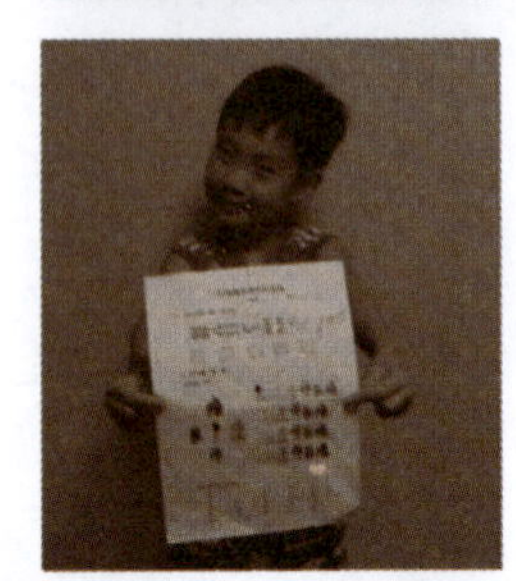

3. 你的孩子考了 100 分回到家。

4. 丈夫把家里弄得很乱。

七、角色扮演　Role play

1. 经理批评一位做事拖拉的职员。
2. 父亲批评玩儿到很晚才回家的儿子。
3. 老师表扬一个各方面都很优秀的学生。

八、你知道吗　Do you know

当别人赞美你时，你一般会怎么回应呢？也许在你的国家，面对别人的赞美时，你会说声“谢谢”。这是用感谢来回应别人对自己的鼓励。但是在中国，听到赞美后，很多人会说“哪里哪里”“过奖了”“我还差得远”，等等。他们不是真的觉得自己不行，而是用谦虚的态度表达谢意。

dì shíqī kè
第十七课

Zhōngguó chuántǒng gùshi
中国传统故事

shēngcí
生 词 New Words

1	养	yǎng	动	to raise	养马、养花
2	群	qún	量	a group of	一群人、一群马
3	匹	pǐ	量	（measure word）	一匹马
4	到处	dàochù	名	everywhere	到处都有
5	安慰	ānwèi	动	to comfort, to console	安慰朋友
6	丢	diū	动	to lose	丢东西、手机丢了
7	也许	yěxǔ	副	maybe, perhaps	也许可以
8	运气	yùnqi	名	luck	运气好
9	摔	shuāi	动	to fall	摔倒
10	断	duàn	动	to break	腿断了
11	留	liú	动	to stay	留下来
12	后来	hòulái	名	later, afterwards	后来的事
13	战争	zhànzhēng	名	war	发生了战争
14	却	què	连	but	

bǔchōng shēngcí
补 充 生 词 Supplementary Words

1	塞翁	Sài Wēng	名	Sai Weng, a person's name	塞翁失马
2	失	shī	动	to lose	失去
3	而已	éryǐ	助	nothing more	如此而已
4	野	yě	形	wild	野鸡、野狗
5	性命	xìngmìng	名	life	丢了性命
6	打仗	dǎzhàng	动	to fight	去打仗

shēngcí
生 词 New Words

(一)塞翁失马

很久以前,有一位老人叫塞翁。他养了一大群马。有一天他发现自己最喜欢的一匹好马不见了,到处找都没找到。邻居们听说了,都来安慰他,让他不要着急。可他好像什么事儿都没发生一样,笑着说:"丢了一匹马而已,不是什么坏事,也许还能带来好运气。"

过了几天,他的马不但自己跑回来了,还带回一匹野马。邻居们听说马找到了,都来祝贺塞翁。可是塞翁却没有那么高兴,他说:"白白得了一匹马,不一定是件好事。"

塞翁的儿子非常喜欢骑马,天天骑着这匹野马玩儿,有一天他从马上摔了下来,把腿摔断了。塞翁说:"没什么,腿摔断了却留住了性命,也许是件好事儿。"

后来发生了战争,年轻人都去打仗了,只有塞翁的儿子因为摔断了腿,没能参加。这些年轻人十有八九都战死了,而塞翁的儿子却因此活了下来。

这个故事告诉我们,好坏是变化的,坏事儿也许会变成好事儿,好事儿也可能变成坏事儿。

xuéxue liànlian
学 学 练 练 Learn and Practice

一、根据课文回答问题 Answer the following questions according to the text

1. 邻居们为什么都来安慰塞翁?塞翁伤心吗?为什么?
2. 邻居们为什么又都来祝贺塞翁?塞翁高兴吗?为什么?
3. 塞翁的儿子怎么了?塞翁难过吗?为什么?

4. 从这个故事中你发现了什么道理？

二、模仿角色完成对话 Play the roles to complete the dialogues

叙述人	邻居们	塞翁
……，他的一匹好马丢了，邻居们都来安慰他。	……	……
几天以后，……，还带回一匹马，邻居们都来……	……	……
塞翁的儿子骑马时把腿摔断了，邻居们又来安慰他。	……	……
后来年轻人都去打仗了，很多人都战死了，但是……	……	……

二、说一说 Let's talk

1. 遇到坏事儿，你以前会怎样？现在你觉得应该怎样？
2. 遇到好事儿，你以前会怎样？现在你觉得应该怎样？

shēngcí
生 词 New Words

1	从前	cóngqián	名	once upon a time	从前有一个人
2	散步	sànbù	动	to go for a stroll	去外面散步
3	远处	yuǎnchù	名	someplace far away	远处的声音
4	传	chuán	动	to come (the voice)	传来
5	大象	dàxiàng	名	elephant	大象的鼻子
6	挤	jǐ	动	to squeeze in	挤到人群里
7	人群	rénqún	名	crowd	人群里有一只大象
8	摸	mō	动	to touch	摸一下
9	粗	cū	形	thick	粗粗的腿
10	尾巴	wěiba	名	tail	细细的尾巴

11	蛇	shé	名	snake	一条蛇
12	部分	bùfen	名	part	身体的一部分
13	仔细	zǐxì	副	carefully	仔细看
14	真正	zhēnzhèng	形	real	真正的朋友

补充生词 (bǔchōng shēngcí) Supplementary Words

1	盲人	mángrén	名	blind person	盲人摸象
2	黄瓜	huángguā	名	cucumber	一根黄瓜

课文 (kèwén) Text

（二）盲人摸象

从前，有四个盲人在街上散步，突然远处传来热闹的声音，“快来看！这就是大象！”四个盲人听见了，也想知道大象长什么样，就挤进人群用手摸起大象来。

第一个盲人摸到了大象长长的牙，他说：“大象长得跟黄瓜差不多！”第二个盲人摸到了大象大大的耳朵，他说：“不对，大象长得好像扇子！”第三个盲人摸到了大象粗粗的腿，他说：“你们说得都不对，大象长得跟大树一样！”第四个盲人摸到了大象细细的尾巴，他说：“你们都错了，大象细细长长的，好像一条蛇！”

四个盲人吵了起来，其他人听到以后，笑着对他们说：“你们摸到的都只是大象的一部分！”四个盲人又仔细地把大象从头到脚摸了一遍，这才知道大象真正的样子。

学学练练 (xuéxue liànlian) Learn and Practice

一、根据课文回答问题 Answer the following questions according to the text

1. 这四个盲人散步时遇到了什么事？
2. 第一个盲人为什么觉得大象长得好像黄瓜？
3. 第二个盲人觉得大象长得像什么？为什么？
4. 第三个盲人觉得大象长得像什么？为什么？

5. 第四个盲人觉得大象长得像什么？为什么？

6. 这四个盲人谁说得对？为什么？

二、模仿角色完成对话　Play the roles to complete the dialogues

路人	盲人 1	盲人 2	盲人 3	盲人 4
快来看大象啊！	……	……	……	……
哈哈，你们……				

三、说一说　Let's talk

1. 你还知道哪些关于身体部分的词语？（如：耳朵、腿……）

2. 这个故事告诉我们什么道理？

gōngnéng xiàngmù
功能项目　Functions

一、叙述故事　To narrate a story（怎么样讲故事）

1. 介绍故事的时间　To introduce when the story happened

很久以前，……

从前，……

有一天，……

2. 引出故事中的人物　To introduce the characters in the story

有一个老人叫塞翁。

有四个盲人在街上散步。

3. 引述人物的语言　To quote the languages of the characters

塞翁说："没什么，腿摔断了却留住了性命，也许是件好事儿。"

其他人听到以后，笑着对他们说："你们摸到的都只是大象的一部分！"

二、动作的开始　The start of action（表示开始做一个动作）

1. 挤进人群用手摸起大象来。

2. 四个盲人吵了起来。

三、表达事物之间的相似点 To express the similarity of things(表示某个东西很像另外一个东西)

1. 大象长得跟黄瓜差不多。
2. 大象长得好像扇子。
3. 大象长得跟大树一样!
4. 大象细细长长的,好像一条蛇。

liàn yí liàn
练一练 Exercises

一、朗读词语 Read the phrases

1. wángyáng-bǔláo 亡羊补牢　yúgōng-yíshān 愚公移山　bámiáo-zhùzhǎng 拔苗助长　tiěchǔmóchéngzhēn 铁杵磨成针
2. lǎohǔ 老虎　lǎoshǔ 老鼠　húli 狐狸　xióngmāo 熊猫　láng 狼　zhū 猪　shé 蛇
3. gēbo 胳膊　bózi 脖子　shǒuzhǐ 手指　shétou 舌头　sǎngzi 嗓子　nǎodai 脑袋

二、按照例句完成句子 Complete the sentences according to the examples

1. 例:大象细细长长的,好像一条蛇。

意大利的地图__________________。

这座山__________________。

这个橘子____________________。

这个香蕉____________________。

2. 例：A：这是现在的事情吗？

B：不是，这是很久以前的事。

A：中国人现在穿这个吗？

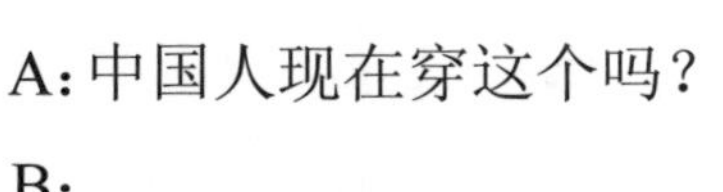

B：____________________。

A：____________________？

B：没有，六千多万年以前有这种动物。

三、选词填空 Choose the proper words to fill in the blanks

有一天　有一个　还有一次　起来　走路　骑车　骑到

我______同学叫阿米尔，他是一个非常马虎(mǎhu)的人，______他把自行车______图书馆，可是从图书馆出来的时候，他忘了自己是______来的，就______回家了，等他想起来，要去拿车时，却又忘了带钥匙。______，他穿着不同颜色的袜子(wàzi)来上课了，左脚是黑色的，右脚是白色的，大家看了以后都哈哈大笑______。你说他马虎不马虎？

四、读句子，然后给下列句子排序　Read the sentences and order them

A. 比赛中张三画得又好又快，等他画完的时候，看到别人只画了一半，就高兴地说："我还有时间给蛇画上四只脚呢！"

B. 张三非常生气，他认为自己是第一，最后一杯酒应该是自己的。可是所有人看了他的画以后，都哈哈大笑起来："你画的不是蛇，蛇是没有脚的。"

C. 很久以前，有一个人买了一瓶好酒。他请了很多朋友来喝，酒很快就要喝完了，只有最后一杯了。

D. 这杯酒谁喝好呢？他们打算弄一个画蛇比赛，谁先把蛇画好，谁就喝最后一杯酒。

E. 在他把蛇脚画完的时候，李四也画好了。李四看到张三的画以后，他把最后一杯酒拿起来喝了。

正确顺序是：__________________

五、角色扮演 Role play

找同学，扮演课后第四题中的角色，把这个小故事表演给大家看。

六、看图说话 Talk about the pictures

很久以前，有一个和尚（héshang），……

后来又来了一个和尚，……

没多久，又来了一个新和尚，……

这个故事告诉我们……

七、说一说 Let' s talk

你的国家有类似于“塞翁失马”的故事吗？讲给大家听听。

（提示：很久以前、从前、有一个人、有一天、这个故事告诉我们……）

八、你知道吗 Do you know

铁杵磨成针

很久以前有一个人，他小时候不喜欢学习，常常逃学去外面玩儿。有一天他又没有去上课，在学校外面东走走、西看看。走着走着，他来到一个很旧很旧的房子前，房门口坐着一个白头发的老奶奶，老奶奶手里拿着一根粗粗的铁棒，正一点点认真地磨着。他走过去问："老奶奶，您在做什么呀？"

"我要磨一根针。"老奶奶对他笑了笑，低下头继续磨。

"针？是缝衣服用的针吗？"他接着问。

"对！"

"可是，铁棒这么粗，怎么可能磨成细细的针呢？"

老奶奶回答："只要我一直坚持，就一定能成功。没有做不到的事，关键要看你的态度。"

老奶奶的话让他感到非常惭愧，回去以后，他再没有逃过学，每天学习非常努力，长大后成了一位著名的诗人，他就是李白。

shēngcí
生　词　New Words

1	铁	tiě	名	ferrum	铁杵
2	杵	chǔ	名	stick, bar	铁杵
3	磨	mó	动	to sharpen	磨成针
4	针	zhēn	名	needle	细细的针
5	逃学	táoxué	动	to truant	没有逃学
6	棒	bàng	名	stick, bar	铁棒
7	缝	féng	动	to sew	缝衣服
8	坚持	jiānchí	动	to insist	坚持下去
9	成功	chénggōng	动	to succeed	一定能成功
10	关键	guānjiàn	名	key	关键问题
11	态度	tàidù	名	attitude	你的态度
12	惭愧	cánkuì	形	ashamed	非常惭愧
13	著名	zhùmíng	形	famous	著名诗人
14	诗人	shīrén	名	poet	唐代诗人

dì shíbā kè

第十八课

Zuòkè

做 客

shēngcí

生 词 New Words

1	闲谈	xiántán	动	to chat	在咖啡馆闲谈
2	邀请	yāoqǐng	动	to invite	邀请你来
3	客气	kèqi	形	courteous	太客气了
4	厅	tīng	名	hall	大厅
5	好客	hàokè	形	hospitable	热情好客
6	感觉	gǎnjué	动	to become aware of	感觉到他很热情
7	表达	biǎodá	动	to express	表达自己
8	小伙子	xiǎohuǒzi	名	young fellow	那个小伙子

kèwén

课 文 Text

(一)客厅闲谈

(李奇的爸爸过生日,李奇邀请大卫和王丽来家里吃饭。门铃响了……)

李奇　　：快请进！
大卫　　：我和王丽买了些水果来。
李奇　　：那么客气干吗？来，到厅里坐。爸！妈！大卫和王丽来了。
大卫和王丽：叔叔好！阿姨好！
李父　　：你们好！快坐吧！
李母　　：奇奇快给客人倒茶。这儿有苹果，有西瓜，你们喜欢什么就吃什么。
王丽　　：阿姨，别忙了，我们自己来。
大卫　　：谢谢阿姨！这是我第一次到中国人家里做客，早就听说中国人热情好客，今天我真是感觉到了！
李父　　：呦！大卫这汉语说得可真流利啊！学了多长时间了？
大卫　　：您过奖了！我在中国学了两年了，我的中文很一般，发音还不太标准，有些话也不知道该怎么表达，叔叔阿姨可别笑话我。
李父　　：小伙子，学语言就得敢说，说错了也没关系。

学学练练 Learn and Practice

xuéxue liànlian

一、根据课文回答问题　Answer the following questions according to the text

1. 大卫他们去做客，带了什么东西？李奇觉得他们怎么样？
2. 李母看到大卫他们，做了什么？
3. 大卫来中国人家做客感觉到了什么？
4. 大卫怎么看自己的汉语水平？
5. 李父认为应该怎么学语言？

二、根据课文完成下面的句子　Complete the sentences according to the text

大卫和王丽要给李奇的爸爸______，他们买了______去李奇家吃饭。这是大卫______到中国人家里______，看到李母请他们______，他感觉到了______。他们一起在客厅______，李父觉得大卫的汉语______，所以想知道他______。大卫学了______，他自己觉得______。

三、说一说　Let's talk

1. 说说你知道的水果的名字。
2. 去朋友家做客，你觉得带点儿什么东西比较好？

生　词　New Words
shēngcí

1	庆祝	qìngzhù	动	to celebrate	庆祝生日
2	入座	rùzuò	动	to have a seat	快入座
3	提醒	tíxǐng	动	to remind	提醒大家
4	长寿	chángshòu	形	longevous	健康长寿
5	老伴儿	lǎobànr	名	husband or wife	我的老伴儿
6	心想事成	xīnxiǎngshìchéng		may all your wishes come true	祝你心想事成
7	之后	zhīhòu	名	after	收到礼物之后
8	当面	dāngmiàn	副	in sb's presence	当面说清
9	切	qiē	动	to cut	切蛋糕

课　文　Text
kèwén

（饭好了，李母叫大家吃饭，他们正要入座……）

王丽：　大卫，这儿是上座，要让长辈坐，我们坐那儿吧。

大卫：　呦！你提醒得对，叔叔您坐这儿吧。

李父：　好！大家也都坐吧。

大卫：　叔叔，今天是您的生日，我祝您生日快乐！

王丽：　我祝您健康长寿！

李奇：　爸，我祝您越活越年轻！

李母：　老伴儿，我祝你心想事成！

李父：　今天有你们给我庆祝生日，我太高兴了。来！大家一起干杯！

大家：　干杯！

大卫：　叔叔，这是我们送您的生日礼物。

李父：　谢谢！（放在一边）

大卫：　您不打开吗？

王丽：　大卫，中国人收到礼物之后，一般不会当着客人的面打开。

大卫：　这跟我们国家正好相反。我还以为叔叔不喜欢呢。

李父：　怎么会不喜欢？你能来看我，我就已经很高兴了。来，咱们吃蛋糕吧！

李奇：　好，我来切。

学学（xuéxue）练练（liànlian） Learn and Practice

一、根据课文回答问题　Answer the following questions according to the text

1. 大卫要坐的座位是谁的？
2. 现在你知道了哪些祝寿的话？
3. 大卫以为李父不喜欢他送的生日礼物，这是为什么？
4. 在大卫的国家人们收到礼物后会怎么做？

二、根据课文完成下面的句子　Complete the sentences according to the text

饭做好了，大家正要______。大卫先选了一个座位，王丽提醒他______。大卫听了王丽的话，马上______。大家都坐好了，他们开始给李父______。大卫祝李父______，王丽祝李父______，李奇祝爸爸______，李母祝老伴儿______。李父听了，非常高兴，他建议大家一起______。然后，大卫送给李父一个______，李父收到礼物后表示感谢，但把这个礼物______。大卫感到很______，以为______。王丽告诉他中国人______，这个习惯跟大卫他们国家的正好______。

三、说一说 Let's talk

1. 你还知道哪些祝贺的话？
2. 在你的国家人们是怎么庆祝生日的？有什么是一定要做的吗？

功能项目 Functions

gōngnéng xiàngmù

一、迎客用语 Words of welcoming(迎接客人时说的话)

1. 快请进！
2. 那么客气干吗？来，到厅里坐。
3. 你们好！快坐吧！

二、待客用语(招待客人时说的话)

1. 奇奇快给客人倒茶！
2. 这儿有苹果，有西瓜，你们喜欢什么就吃什么。

三、送客用语 Words of seeing a visitor out(送客人离开时说的话)

1. 慢走！
2. 有空儿常来玩儿！
3. 路上注意安全。
4. 请留步！
5. 没事儿，我就送你们到楼下。
6. 太晚了，您快回去吧。

四、祝福 Congratulate(表达美好祝福、愿望的话)

1. 我祝您生日快乐！
2. 我祝您健康长寿！
3. 爸，我祝您越活越年轻！
4. 老伴儿，我祝你心想事成！

五、安慰鼓励　To comfort and encourage（为了安慰、鼓励对方说的宽慰人的话）

1. 小伙子，学语言就得敢说，说错了也没关系。
2. 怎么会不喜欢？你能来看我，我就已经很高兴了。

liàn yí liàn
练　一　练　Exercises

一、朗读词语　Read the phrases

bófù 1. 伯父	bómǔ 伯母	gūgu 姑姑	jiùjiu 舅舅	lǎolao 姥姥
chájù 2. 茶具	chábēi 茶杯	cháhú 茶壶	chájī 茶几	cháshuǐjiān 茶水间
zhùshòu 3. 祝寿	làzhú 蜡烛	shòuxīng 寿星	shòumìng 寿命	chángshòumiàn 长寿面

二、替换和扩展　Substitution and extension

1. 这儿有苹果、西瓜，你们喜欢吃什么就吃什么。

咱们去看电影	看什么	看什么
这是 100 块钱	……	……
这是我的车	……	……
……	点什么	点什么
……	怎么玩儿	怎么玩儿

2. A: 我汉语发音还不太标准，叔叔阿姨可别笑话我。

   B: 学语言就得敢说，说错了也没关系。

A		B		
我汉字写得不好	你	汉字	多写多练	写错了
我不会游泳，刚开始学	你们	……	……	……
我唱得不好	大家	……	……	……
……	……	开车	多开	开得慢
……	……	画画儿	敢画	画得不像

3. A: 我还以为叔叔不喜欢呢。

B: 怎么会不喜欢？你能来看我，我就已经很高兴了。

A	B	
你不来了呢	不来	你叫我来，我一定来
我们赢不了呢	……	……
他会生我的气呢	……	……
……	不高兴	你不知道，他心里非常高兴
……	不精彩	观众全都为你鼓掌呢

三、根据图片，用给出的词语说一个句子 Say a sentence about the picture with given words

1. 幸福、祝 → 

2. 成功、祝 → 

3. 赢、祝 → 

4. 顺利、祝 → 

四、完成对话　Complete the dialogues

1. A：快请________。

   B：这是给您带来的________。

   A：________？________坐。

   B：________。

   A：谢谢阿姨，您别忙了。

2. A：时间不早了，我们________。

   B：太晚了，我也不留你们了，以后一定常来家里玩儿。

   A：________________。

   B：我送送你们。

   A：请留步。

   B：________，我就送你们到楼下。

   A：送我们到这儿就行了，太晚了，您快回去吧。

   B：好的，你们路上________。慢走啊！

五、句子匹配　Match the sentences

例如：明天安娜去北京。　[F]

A. 你提醒得对！

B. 谢谢！你太客气了！

C. 过奖了！

D. 不了，今天太晚了，我们有时间再来看您。

E. 别送了，请留步。

F. 她去中国朋友家。

1. 你歌儿唱得真好听啊！　[ ]
2. 旅游的时候把护照和钱包放好了，别丢了。　[ ]
3. 这是我给你带来的生日蛋糕。　[ ]
4. 我送送你们。　[ ]
5. 再坐会儿吧！　[ ]

六、小组讨论　Group discussion

请采访几个汉语学得好的同学，看看他们有什么好办法，并介绍给大家。

七、角色扮演　Role play

把同学分成两组，分别扮演课文一和课文二中的角色，把课文内容表演给大家看。

八、你知道吗　Do you know

到中国人家里做客，要注意什么呢？见到长辈要打招呼，但是中国人见面时不是拥抱而是握手。第一次去中国人家里做客的时候一般会带一些东西表示问候，比如：水果、点心，等等。跟中国人一起吃饭的时候要注意让长辈先坐，长辈应该坐在正对大门的座位，那个座位叫上座。吃饭时要等长辈先吃完第一口，大家再开始吃。以后去中国人家里做客可要注意啦！

dì shíjiǔ kè

第十九课

Bìyèjì

毕业季

shēngcí

生 词 New Words

1	留学	liúxué	动	to study abroad	去留学
2	毕业	bìyè	动	to graduate	毕业季
3	有关	yǒuguān	介	involve	有关问题
4	翻译	fānyì	名	translator	翻译家
5	意义	yìyì	名	meaning	有意义
6	收入	shōurù	名	income	收入高
7	可惜	kěxī	形	it's a pity	太可惜
8	符合	fúhé	动	to accord with	符合要求
9	性格	xìnggé	名	character	性格好
10	赚	zhuàn	动	to make money	赚钱
11	现实	xiànshí	形	realistic	很现实
12	计算机	jìsuànjī	名	computer	计算机专业
13	专业	zhuānyè	名	major	汉语专业
14	想法	xiǎngfǎ	名	idea	有想法
15	工程师	gōngchéngshī	名	engineer	计算机工程师

kèwén

课　文　Text

（一）美罗和王丽的计划

美罗：　王丽，今天我毕业啦！

王丽：　祝贺你啊美罗！

美罗：　这几年你对我的帮助很大，谢谢你！

王丽：　别客气！美罗，毕业后你有什么打算？

美罗：　我还没想好。不过我学了四年汉语，肯定要找个跟汉语有关系的工作。

王丽：　也许做汉语老师，也许做汉语翻译。

美罗：　汉语老师的工作有意义，不过在我们国家老师的收入很低。

王丽：　你汉语不错，不做汉语老师多可惜呀！

美罗：　其实做翻译更符合我的性格。

王丽：　对呀！而且还可以多赚些钱。

美罗：　是啊！“钱不是万能的，但是没钱是万万不能的。”

王丽：　你想得真现实啊！

美罗：　王丽，那你的打算呢？

王丽：　我想去美国学习计算机，听说美国这个专业是全世界最好的。

美罗：　祝你成功！你一定会成为优秀的 IT 工程师。

xuéxue　liànlian

学　学　练　练　Learn and Practice

一、根据课文回答问题　Answer the following questions according to the text

1. 美罗毕业后有什么打算？
2. 王丽毕业后的打算是什么？
3. 美罗为什么不愿意当汉语教师？
4. 为什么王丽说美罗想得很现实？
5. 美罗认为王丽未来会怎样？

二、根据课文完成下面的句子　Complete the sentences according to the text

美罗在中国______四年，今天她______了。好朋友王丽问美罗今后的打算，美罗表示汉语教师的工作很有______，但是教师的______太低，做______更符合她的______，王丽认为，美罗不做汉语教师太______了。

三、说一说　Let's talk

1. 大学毕业时，你会对相处四年的同学们说哪些祝福的话？
2. 大学毕业了，你的心情是怎样的？

生词 New Words

shēngcí

1	假期	jiàqī	名	vacation	有假期
2	安排	ānpái	动	to arrange	安排好
3	风景	fēngjǐng	名	scenery	风景优美
4	扔	rēng	动	to throw	扔篮球
5	掉	diào	动	to fall	扔掉
6	日用品	rìyòngpǐn	名	daily necessities	买日用品
7	不如	bùrú	动	not as good as	不如不去
8	主意	zhǔyi（口语中也读 zhúyi）	名	idea	好主意
9	淘	táo	动	to shop	淘二手货
10	养成	yǎngchéng	动	to develop	养成习惯
11	广告	guǎnggào	名	advertisement	电视广告

bǔchōng shēngcí
补充生词 Supplementary Words

1	云南	Yúnnán	名	Yunnan	云南省
2	贵州	Guìzhōu	名	Guizhou	贵州省
3	四川	Sìchuān	名	Sichuan	四川省
4	云贵川	Yún Guì Chuān	名	Yun-Gui-Chuan	云贵川地区
5	二手货	èrshǒuhuò	名	second hand goods	买卖二手货
6	说干就干	shuōgànjiùgàn	短	start right now	

kèwén
课文 Text

(二)美罗和王丽的假期

(王丽在宿舍整理东西。)

王丽：美罗，这个假期你有什么安排？

美罗：听说云南、贵州、四川的自然风景很不错。回国前我想去云贵川走一趟。你觉得怎么样？

王丽：哈哈！咱们想到一块儿了，一起去吧？

美罗：好啊！我正想找个朋友一起去呢。我来订机票吧。

王丽：不过，我要先把这些不用的书和字典扔掉，再把日用品什么的收起来。

美罗：扔了多可惜，还不如卖二手货。昨天我就把自行车、冰箱、洗衣机等都卖了。

王丽：好主意！你在国外也卖过二手货吗？

美罗：没有，不过在我们国家买卖二手货很常见。我的很多书还有字典，都是淘来的二手货。

王丽：买卖二手货既可以少花钱，也可以养成一种节约的习惯。

美罗：没错！你写个广告吧，卖得会更快一些。

王丽：好的，说干就干。

学学练练 Learn and Practice

xuéxue liànlian

一、根据课文回答问题 Answer the following questions according to the text

1. 王丽和美罗假期有什么打算？
2. 王丽在整理东西，她想把什么东西扔掉？
3. 美罗给了王丽一个什么建议？
4. 最后美罗、王丽想要怎么做？

二、根据课文完成下面的句子 Complete the sentences according to the text

王丽和美罗在假期______了一次旅行，她们要去云贵川走______。不过，出发前，王丽要把不用的书、字典______，再把______收起来。美罗认为，书什么的扔了太______，她建议王丽写个______去卖______，王丽觉得美罗的______不错。

三、说一说 Let's talk

1. 你和同伴一起旅游过吗？说说和同伴一起旅游的好处。
2. 你也买卖过二手货吗？请向大家讲一讲。

功能项目 Functions

gōngnéng xiàngmù

一、询问计划和安排 To ask plan and arrangement

1. 毕业后你有什么打算？
2. 这个假期你有什么安排？

二、表示可能 To indicate possibility

也许做汉语老师，也许做汉语翻译。

三、表示惋惜 To express feeling sorry

扔掉多可惜呀！还不如卖二手货。

刚买的手机就丢了，太可惜了！

四、陈述理由 To declare the reason

1. 我想去美国学计算机，听说美国这个专业是全世界最好的。
2. 听说云南、贵州、四川的自然风景不错。我想去云贵川走一趟。
3. 买卖二手货既可以少花钱，也可以养成一种节约的习惯。

liàn yí liàn 练一练 Exercises

一、朗读词语 Read the phrases

1. jiùyè 就业　zhāopìn 招聘　yìngpìn 应聘　chǎo yóuyú 炒鱿鱼
2. rèdài 热带　yàrèdài 亚热带　wēndài 温带　hándài 寒带
3. Dàlǐ 大理　Lìjiāng 丽江　Guìyáng 贵阳　Miáozhài 苗寨　Jiǔzhàigōu 九寨沟
4. běnkēshēng 本科生　shuòshìshēng 硕士生　bóshìshēng 博士生　xuéwèifú 学位服

二、替换和扩展 Substitution and extension

1. A: 毕业后有什么打算？

   B: 我想先找份工作，再去美国留学。

A	B	
开学后有什么打算	……	……
结婚后你们有什么计划	旅行	……
这个假期有什么安排	……	……
……	找工作	买房子

2. A: 毕业后有什么打算？

   B: 也许回国做汉语教师，也许在中国读研究生。

A	B	
毕业后打算做什么工作	……	做秘书
晚饭后，你要做什么	看电影	……
周末你一般做什么	……	……
……	去北京	去上海

3. A：咱们开始做饭吧。

   B：好！说干就干。

A	B
咱们开始学习吧	……
……	好！说唱就唱
老李的脾气太坏	没错，……急……急
……	好！说走就走

三、根据图片，用给出的词语说一个句子 Say a sentence about the picture with the given words

1. 工作、还不如 → 。

2. 毕业、扔帽子 → ______________________。

3. 扔掉、可惜 → ________________________。

4. 毕业、打算→____________________？

四、完成对话　Complete the dialogues

1. 阿米尔：你好！请问最近有云贵川的旅游团吗？
   旅行社：有，您想几号出发？
   阿米尔：__________________？
   旅行社：我们有两个团：一个是双飞，住四星级酒店，参观九寨沟、丽江、贵阳；另一个是坐火车，住三星级酒店，参观九寨沟、大理、丽江、贵阳、苗寨。
   阿米尔：____________________。
   旅行社：我建议您选第二个团，坐火车可以看两边的风景。
2. A：你在忙什么呢？
   B：在整理东西，我想先把________，再把________。
   A：扔了多可惜，还不如____________________。
   B：好主意！你以前卖过二手货吗？
   A：当然，我用的书、手机都是在网上________。
   B：这样可以节约________啊。
   A：也可以________。我建议你写个广告，卖得会更快。
   B：好的，____________________。

五、句子匹配　Match the sentences

例如：明天安娜去北京。　F

A. 也可以品尝那里的海鲜。
B. 哪里，哪里，过奖了。
C. 米饭坏了就应该扔掉，这不是浪费。
D. 好主意，小明是个热心的人。
E. 没错，不过我周末很忙，没时间看课外书。

F. 她去中国朋友家。

1. 那么多米饭被扔掉了多可惜呀。 □

2. 周末读课外书很有意义。 □

3. 我想找小明帮忙。 □

4. 去海南旅游可以欣赏热带风光 。 □

5. 你的歌唱得真好！ □

六、小组讨论 Group discussion

找工作，钱重要还是不重要？

	原因	建议
钱非常重要		
钱不重要		

七、问一问，说一说 Ask and talk

问问同学们，毕业后都想找什么工作？

人物	喜欢	不喜欢	原因
第一个人			
第二个人			
第三个人			
第四个人			

八、你知道吗 Do you know

中国古代的科举考试从隋朝开始，形成于唐朝，完备于宋朝，强化于明朝。清朝开始衰落，历经 1300 余年，对中国封建社会中后期的政治、经济、教育、文化和社会风气都有重大影响。

dì èrshí kè

第二十课

Sòngxíng

送行

shēngcí

生词 New Words

1	连	lián	介	even	
2	马虎	mǎhu	形	careless	做事马虎
3	丢人	diūrén	形	humiliating	觉得丢人

kèwén

课文 Text

(一)打电话

(电话铃响。)

李奇: 喂!

美罗: 谁啊?

李奇: 你连我的声音都听不出来吗?

美罗: 哦,李奇!

李奇： 护照和机票都放好了吧？别忘了！

美罗： 我不会那么马虎的。要是连这么重要的东西也忘带，那就太丢人了！

李奇： 上次你坐车的时候就把手机落车上了。

美罗： 哎呀！你怎么还记着呢！

李奇： 哈哈！明天我去机场送你，早点休息吧！

美罗： 好，明天见！

学学练练 Learn and Practice

xuéxue liànlian

一、根据课文回答问题 Answer the following questions according to the text

1. 李奇让美罗带什么东西？
2. 谁是个马虎的人？为什么？
3. 李奇明天要做什么？

二、根据课文完成下面的句子 Complete the sentences according to the text

明天早上李奇______，今天他打电话告诉______，因为美罗是个______，上次坐车的时候______。

三、说一说 Let's talk

1. 说说美罗的行李里可能会有什么？（如：衣服、鞋……）
2. 你觉得收拾行李的时候，忘了带什么最难办，为什么？

shēngcí
生 词 New Words

1	办理	bànlǐ	动	to manage	办理业务
2	登机	dēngjī	动	to board	马上登机
3	手续	shǒuxù	名	procedure	办理登机手续
4	超重	chāozhòng	动	to overweight, to overload	超重费、行李超重
5	重新	chóngxīn	副	again	重新讲一遍
6	整理	zhěnglǐ	动	to arrange, to put in order, to sort out	整理房间、整理行李
7	登机牌	dēngjīpái	名	boarding check	你的登机牌
8	登机口	dēngjīkǒu	名	boarding gate	3 号登机口
9	等候	děnghòu	动	to wait for	等候区、等候时间
10	愉快	yúkuài	形	happy, cheerful, pleasant, merry	愉快的心情

bǔchōng shēngcí
补 充 生 词 Supplementary Words

1	旅途	lǚtú	名	trip, journey	旅途愉快
2	设施	shèshī	名	facility, installation	机场设施

kèwén
课 文 Text

（二）办理手续

（美罗在办理登机手续。）

美罗　　：您好！我想办理登机手续。

工作人员：请把您的护照和机票给我。

美罗　　：给您！

工作人员： 请您把行李拿上来。超重了1公斤，您需要交费。

美罗　　： 那我重新整理一下儿，拿些东西出来。

（美罗整理完。）

美罗　　： 您再看一下，还超重吗？

工作人员： 没问题了。

美罗　　： 能帮我安排靠窗户的座位吗？

工作人员： 可以。这是您的登机牌和护照，请提前30分钟到登机口等候。

美罗　　： 请问，几号登机口？

工作人员： 请您在E20登机口登机。

美罗　　： 好的，谢谢！

工作人员： 不客气！祝您旅途愉快！

学学（xuéxue）练练（liànlian） Learn and Practice

一、根据课文回答问题 Answer the following questions according to the text

1. 办理登机需要哪些手续？
2. 美罗给行李交费了吗？
3. 美罗想坐在哪儿？

二、根据课文完成下面的句子 Complete the sentences according to the text

美罗在机场______的时候，工作人员让她拿出她的______。美罗的行李______，所以她又重新_____。美罗想坐在_____，工作人员为她______，并告诉她应该提前______到______登机。

三、说一说 Let's talk

1. 说说你在机场可以买到什么东西。（如：特色食品、化妆品……）
2. 说说你在机场等候晚点飞机的经历。

生　词　New Words

(shēngcí)

1	朝	cháo	介	towards	他朝我走来
2	招手	zhāoshǒu	动	to wave, to beckon	向我招手
3	赶	gǎn	动	to hurry, to catch up with, to rush for	赶火车、赶时间
4	发	fā	动	to send out	发工资、发传单
5	消息	xiāoxi	名	information, news, message	发消息、好消息
6	博士	bóshì	名	doctor	读博士
7	尽管	jǐnguǎn	连	in spite of	尽管如此
8	拍	pāi	动	to take (a picture), to shoot	拍照片、拍电影

补　充　生　词　Supplementary Words

(bǔchōng shēngcí)

1	一路平安	yílùpíng'ān		have a pleasant journey, wish you a safe journey	祝您一路平安
2	后会有期	hòuhuìyǒuqī		meet again some day	咱们后会有期

课　文　Text

(kèwén)

(三)机场送行

(美罗看到了来送机的李奇,她朝李奇招手。)

美罗： 李奇！我在这儿呢。

李奇： 我还怕赶不上呢。

美罗： 时间还早，不着急。我已经办好手续了，一会儿去登机口。

李奇： 回国以后，别忘了给我发消息。

美罗： 忘不了。有机会你来美国找我玩儿吧！我给你当导游！

李奇： 好啊！我打算明年去美国读博士，到时候去找你。

美罗： 那我们很快就又能见面了！你来美国有什么需要，尽管告诉我。

李奇： 好的！也希望你再回来！

美罗： 那是一定的。一起拍张照片吧！

李奇： 好！茄子！

美罗： 时间不早了，你回去吧，我也要登机了。

李奇： 祝你一路平安！

美罗： 谢谢！后会有期！

李奇： 后会有期！

学学练练 Learn and Practice
xuéxue liànlian

一、根据课文回答问题 Answer the following questions according to the text

1. 李奇明年有什么计划？
2. 他们为什么马上又要见面了？

二、根据课文完成下面的句子 Complete the sentences according to the text

美罗办理_______后，看见了到机场_______的李奇。她向李奇_______。他们说好以后要常______。美罗邀请______。李奇告诉她准备去______，美罗说，她可以做李奇在______。他们马上就能在美国______。

三、说一说 Let' s talk

1. 说说留学前要准备哪些东西。（如：签证、衣服……）
2. 请你说说来中国时家人为你送行的经历。

gōngnéng xiàngmù
功能项目 Functions

一、机场常用语 Common languages at airport（在机场常说的话）

1. 我想办理登机手续。
2. 请把您的护照和机票给我。
3. 请您把行李拿上来。超重了1公斤，您需要交费。
4. 能帮我安排靠窗户的座位吗？
5. 这是您的登机牌和护照，请提前30分钟到登机口等候。

二、提议和邀请 Offer and invitation（请别人到自己家乡玩儿）

1. 有机会你来美国找我玩儿吧！我给你当导游！
2. 你来美国有什么需要，尽管告诉我。

三、送别用语 Words of farewell（要和朋友分开了，你可以说……）

1. 祝您旅途愉快！
2. 祝你一路平安！
3. 回国以后，别忘了给我发消息。
4. 希望你再回来！
5. 后会有期！

liàn yí liàn
练一练 Exercises

一、朗读词语 Read the phrases

1. guójì 国际　guónèi 国内　rùgǎng 入港　chūgǎng 出港　rùkǒu 入口　chūkǒu 出口
2. hòujīlóu 候机楼　zhōngzhuǎnchù 中转处　miǎnshuìdiàn 免税店　wènxùnchù 问讯处　jǐnjíchūkǒu 紧急出口
3. yílùshùnfēng 一路顺风　yǒuyuánzàijiàn 有缘再见　sòngjūnqiānlǐ, zhōngyǒuyìbié 送君千里，终有一别

二、替换和扩展　Substitution and extension

1. A: 护照和机票都放好了吧？

   B: 要是连这么重要的东西也忘带，那就太丢人了！

A	B	
他说的话你听得懂吗	简单的句子	听不懂
这几个字你会写吗	……	……
给你的工作能做完吗	……	……
……	轻的东西	拿不动

2. A: 您好！我想办理登机手续。

   B: 请把您的护照和机票给我。

A	B
手机业务	手机和护照
……	身份证
入住	……
……	银行卡和护照

3. 你来美国有什么需要，尽管告诉我。

来中国	想去的地方	和我说
学汉语	困难	……
如果	难过的事情	……
……	……	买
……	……	去做吧

4. A: 时间不早了，你回去吧，我也要登机了。

   B: 祝你一路平安！

A	B
您回去吧，我就从这儿打车	好，路上小心
您早点休息，我回家了	……
你回去吧，我上车了	……
……	祝你旅途愉快
……	我们后会有期

三、读句子并根据提示说出更多的句子 Read the sentences and say more sentences according to the hints

1. 能帮我……

能帮我安排靠窗户的座位吗？

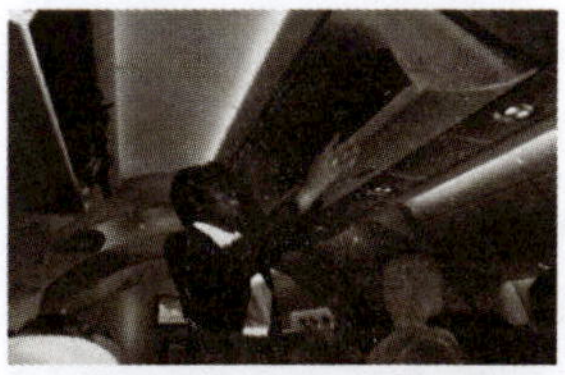

这个箱子太重了，能帮我____________________？

我明天早上 7 点出发，能帮我____________________？

麻烦您，能帮我____________________？

2. 有机会……

有机会你来美国找我玩儿吧！我给你当导游！

有机会我请你吃饭，让你____________________。

有机会来我家，我____________________。

有机会来北京，我＿＿＿＿＿＿＿＿＿＿＿＿＿。

3. 别忘了……

回国以后，别忘了给我发消息。

收拾完行李以后，别忘了＿＿＿＿＿＿＿＿＿＿＿＿＿。

登机以后，别忘了＿＿＿＿＿＿＿＿＿＿＿＿＿。

到了那边以后，别忘了＿＿＿＿＿＿＿＿＿＿＿＿＿。

四、完成对话 Complete the dialogues

1. A：谢谢你们把我送到机场。

   B：＿＿＿＿＿＿＿＿＿＿＿＿＿？

   A：从这一直走，左拐第一个柜台就是。

   B：＿＿＿＿＿＿＿＿＿＿＿＿＿。

   A：谢谢你们对我的帮助。

   B：不客气。＿＿＿＿＿＿＿＿＿＿＿＿＿。

2.（机场广播：BA232 号航班已经开始办理登机手续了……）

   A：请给我您的护照。

   B：＿＿＿＿＿＿＿＿＿＿＿＿＿？

   A：不好意思，靠窗的座位没有了，靠走道的可以吗？

   B：好的，＿＿＿＿＿＿＿＿＿＿＿＿＿？

A: 您的行李不超重，里面有易碎物品吗？

B: ____________________。

A: 这是您的机票和登机牌，____________。

五、句子匹配 Match the sentences

例如：明天安娜去北京。 [F]

A. 真不想和你分开。回国以后我会想你的。

B. 不超，刚好 20 公斤。

C. 再见，祝你一路顺风。

D. 好！有时间我一定去！

E. 放心吧，我没有这么马虎。

F. 她去中国朋友家。

1. 护照和机票都放好了吗？ [ ]
2. 来我家玩吧！我给你当导游。 [ ]
3. 我的行李超重吗？ [ ]
4. 一年的时间过得真快，马上就要分开了。 [ ]
5. 火车快要开了，再见！ [ ]

六、问一问，说一说 Ask and talk

采访一下你身边的中国人，在送别的时候最常说哪些话。根据你的调查报告，选择五句中国人最常说的送别用语，并和你的国家的送别用语进行对比，完成下列表格。

中国	你的国家

七、角色扮演 Role play

×× 同学因为一些原因要回国了，同学们有很多话想对他说。3~5 人一组，扮演 ×× 和他的同学们，请为他开一个欢送会。

八、你知道吗　Do you know

送客的饺子，迎客的面

中国人非常重视迎送礼仪，“送客的饺子，迎客的面”是北方许多城市的风俗习惯。如果有亲朋好友来到家中，第一顿饭要吃面条。因为“面”很长，有“长接”的意思，希望客人可以长久地留在家里做客。如果亲朋好友要离开，则要吃饺子。因为“饺子”很短，有“短送”的意思，是希望离别后，可以马上团聚。这“一长一短”，表现出中国人期盼团聚的心情。

口语第二册总生词表

汉字	词性	拼音	课序	级别	汉字	词性	拼音	课序	级别
QQ	名		8		不但	连	búdàn	6	四
哎呀	叹	āiyā	4	六含	不过	连	búguò	5	四
哎呦	叹	āiyōu	5	六	不如	动	bùrú	19	五
唉	叹	ài	1	五	部分	名	bùfen	17	四
爱人	名	àirén	9	基础	猜	动	cāi	4	四
安排	动	ānpái	19	四	舱	名	cāng	7	六
安全	形	ānquán	6	四	查	动	chá	7	基础
安慰	动	ānwèi	17	五	差不多		chàbuduō	2	四
按摩	动	ànmó	16	六	差点儿	副	chàdiǎnr	4	基础
熬夜	动	áoyè	9	六含	长寿	形	chángshòu	18	五含
白日梦	名	báirìmèng	3	四含	尝	动	cháng	5	四
办理	动	bànlǐ	20	五	场	量	chǎng	1	四
半路	名	bànlù	12	三含	场合	名	chǎnghé	15	六
保存	动	bǎocún	7	五	超重	动	chāozhòng	20	四含
报告	名	bàogào	16	五	朝	介	cháo	20	五
抱歉	动	bàoqiàn	13	四	吵	形 / 动	chǎo	5	四
被子	名	bèizi	11	五	彻底	副	chèdǐ	16	五
呗	助	bei	12		重新	副	chóngxīn	20	四
本来	副	běnlái	14	四	抽烟	动	chōuyān	9	四
比如	动	bǐrú	2	五	出发	动	chūfā	13	四
毕业	动	bìyè	19	四	传	动	chuán	17	五含
编	动	biān	11	五含	窗户	名	chuānghu	5	四
鞭炮	名	biānpào	4	五	春节	名	Chūnjié	4	基础
标准	形	biāozhǔn	6	四	春运	名	chūnyùn	15	五含
表达	动	biǎodá	18	四	从前	名	cóngqián	17	五
表现	名	biǎoxiàn	16	五	粗	形	cū	17	基础
别提了		biétíle	9	五含	粗心	形	cūxīn	5	四
博士	名	bóshì	20	四	登机牌	名	dēngjīpái	20	五

汉字	词性	拼音	课序	级别	汉字	词性	拼音	课序	级别
等	助	děng	2	四	戴	动	dài	13	四
等候	动	děnghòu	20	五	单间	名	dānjiān	5	五含
地道	形	dìdao	11	五	单人间	名	dānrénjiān	6	五含
地址	名	dìzhǐ	8	四	耽误	动	dānwu	16	五
点头	动	diǎntóu	11	五	当地	名	dāngdì	6	四
电影院	名	diànyǐngyuàn	3	一含	当面	副	dāngmiàn	18	六
掉	动	diào	19	四	导游	名	dǎoyóu	6	四
顶	量	dǐng	15	五	倒	副	dào	1	五
丢	动	diū	17	四	倒霉	形	dǎoméi	12	五
丢人	形	diūrén	20	六	到处	名	dàochù	17	四
堵车	动	dǔchē	12	四	到时	副	dàoshí	4	二含
度	量	dù	4	六含	道理	名	dàolǐ	3	五
断	动	duàn	17	四	得	动	děi	9	四
对	形	duì	3	四	得了		déle	13	基础含
对面	名	duìmiàn	13	四	登机	动	dēngjī	20	基础含
对象	名	duìxiàng	15	五	登机口	名	dēngjīkǒu	20	五含
打包	动	dǎbāo	5	六	嗯	助	ǹg	10	六
打车	动	dǎchē	12	基础含	而	连	ér	3	四
打雪仗	动	dǎ xuězhàng	4	六含	而已	助	éryǐ	17	六
打仗	动	dǎzhàng	17	六	二手货	名	èrshǒuhuò	19	
打招呼	动	dǎzhāohu	15	五	发	动	fā	20	四
打折	动	dǎzhé	2	四	发生	动	fāshēng	14	四
大方	形	dàfāng	2	五	发型	名	fàxíng	2	六含
大概	副	dàgài	8	四	发音	名	fāyīn	11	三含
大妈	名	dàmā	11		发展	动	fāzhǎn	12	四
大厅	名	dàtīng	5	五含	翻译	名	fānyì	19	四
大象	名	dàxiàng	17	五	方面	名	fāngmiàn	9	四
大爷	名	dàye	12		房费	名	fángfèi	7	五含
大约	副	dàyuē	13	四	房卡	名	fángkǎ	7	二含

汉字	词性	拼音	课序	级别	汉字	词性	拼音	课序	级别
放暑假		fàng shǔjià	6	四	购物	动	gòuwù	8	四
非洲	名	Fēizhōu	13	四含	够	动	gòu	5	四
分开	动	fēnkāi	14	三含	估计	动	gūjì	5	四
分手	动	fēnshǒu	10	六	辜负	动	gūfù	16	六
份	量	fèn	5	四	顾客	名	gùkè	2	四
丰富	形	fēngfù	2	四	光	副	guāng	9	四
风景	名	fēngjǐng	19	四	光临	动	guānglín	5	五
服务	动	fúwù	8	基础	广场	名	guǎngchǎng	15	五
服务台	名	fúwùtái	7	四含	广告	名	guǎnggào	19	四
符合	动	fúhé	19	四	逛	动	guàng	1	四
辅导	动	fǔdǎo	10	五	贵州	名	Guìzhōu	19	
父母	名	fùmǔ	1	四含	果然	副	guǒrán	14	四
改	动	gǎi	16	四含	过	动	guò	4	四
尴尬	形	gāngà	14	六	过奖	动	guòjiǎng	1	六
赶	动	gǎn	20	基础	后会有期		hòuhuìyǒuqī	20	
感	动	gǎn	1	基础含	后来	名	hòulái	17	四
感觉	动	gǎnjué	18	四	后头	名	hòutou	11	基础含
感情	名	gǎnqíng	10	四	互相	副	hùxiāng	1	四
干	动	gàn	16	四	滑雪	动	huáxuě	4	五含
干杯	动	gānbēi	5	四	画展	名	huàzhǎn	1	五含
钢琴	名	gāngqín	1	基础	黄瓜	名	huángguā	17	五
个子	名	gèzi	13	四	黄金周	名	huángjīnzhōu	5	五
根	量	gēn	15	五	回头客	名	huítóukè	2	四含
根本	副	gēnběn	4	五	活动	名	huódòng	14	四
工程师	名	gōngchéngshī	19	五	汉语桥	名	Hànyǔqiáo	11	四含
工具	名	gōngjù	15	四	航班	名	hángbān	7	四
公顷	量	gōngqǐng	13		航空	名	hángkōng	7	六
恭喜	动	gōngxǐ	9		好处	名	hǎochù	9	四
共同	副/形	gòngtóng	1	四	好客	形	hàokè	18	六

汉字	词性	拼音	课序	级别	汉字	词性	拼音	课序	级别
好玩	形	hǎowán	11	基础	据说	动	jùshuō	1	五
好像	副	hǎoxiàng	12	四	绝对	副	juéduì	15	五
号码	名	hàomǎ	7	四	鸡	名	jī	5	基础
合适	形	héshì	2	四	及格	名	jígé	10	五
合影	动	héyǐng	13	五	吉利	形	jílì	14	六含
家庭	名	jiātíng	15	五	急	形	jí	13	基础
家务	名	jiāwù	16	五	挤	动	jǐ	17	基础
假期	名	jiàqī	19	四含	计划	名	jìhuà	3	四
坚持	动	jiānchí	9	四	计算机	名	jìsuànjī	19	五含
剪	动	jiǎn	2	五含	技术	名	jìshù	2	四
建议	名 / 动	jiànyì	9	五	既然	连	jìrán	15	四
交	动	jiāo	7	四	继续	动	jìxù	10	四
交通	名	jiāotōng	12	四	寄	动	jì	8	四
郊区	名	jiāoqū	3	五	寄件	动	jìjiàn	8	四含
饺子	名	jiǎozi	4	四	咖啡厅	名	kāfēitīng	3	二含
叫早	动	jiàozǎo	7	基础含	开票	动	kāipiào	14	五含
接着	副	jiēzhe	4	五	开心	形	kāixīn	10	五
节约	动	jiéyuē	6	四	看来	动	kànlái	1	五
解释	动	jiěshì	13	四	靠	介	kào	5	基础
戒烟	动	jièyān	9	五	咳嗽	名	késou	9	四
今后	名	jīnhòu	3	基础含	可	副	kě	1	基础
尽管	连	jǐnguǎn	20	四	可不是		kěbúshì	13	基础含
尽量	副	jìnliàng	9	五	可是	连	kěshì	10	四
经济	形	jīngjì	7	四	可惜	形	kěxī	19	四
经验	名	jīngyàn	2	四	客气	形	kèqi	18	基础
精彩	形	jīngcǎi	1	四	客厅	名	kètīng	3	五
竟然	副	jìngrán	14	四	肯定	副	kěndìng	12	四
酒店	名	jiǔdiàn	6	基础含	空气	名	kōngqì	3	四
具体	形	jùtǐ	15	五	恐怕	副	kǒngpà	10	四

汉字	词性	拼音	课序	级别	汉字	词性	拼音	课序	级别
快递	名 / 动	kuàidì	8	五含	旅途	名	lǚtú	20	基础含
快递单	名	kuàidìdān	8	五含	马虎	形	mǎhu	20	四
快递员	名	kuàidìyuán	8	五含	买单	动	mǎidān	5	一含
昆明	名	Kūnmíng	6		满	形	mǎn	5	四
啦	助	la	9	六	慢点儿		màndiǎnr	12	二含
来自	动	láizì	13	五	盲人	名	mángrén	17	六含
懒	形	lǎn	8	四	毛病	名	máobìng	12	五
浪费	动	làngfèi	5	四	美	形	měi	3	基础
老伴儿	名	lǎobànr	18	六含	美洲	名	Měizhōu	13	四含
老婆	名	lǎopo	16		门铃	名	ménlíng	8	五含
老外	名	lǎowài	15	二含	秘书	名	mìshu	16	五
理发师	名	lǐfàshī	2	四含	面积	名	miànji	13	五
理解	动	lǐjiě	15	四	摸	动	mō	17	五
理想	名	lǐxiǎng	3	四	墨镜	名	mòjìng	13	三含
连	介	lián	20	四	母子平安		mǔzǐ píng’ ān	9	六含
联系	动	liánxì	8	四	木牌	名	mùpái	13	五含
脸型	名	liǎnxíng	2	三含	耐烦	形	nàifán	11	五
恋爱	动	liàn’ài	10	五	难道	副	nándào	4	四
凉	形	liáng	16	四含	闹	动	nào	11	四含
凉快	形	liángkuai	11	四	能干	形	nénggàn	16	五
领导	动	lǐngdǎo	16	五	年龄	名	niánlíng	2	四
另外	连	lìngwài	3	四	弄	动	nòng	16	四
溜冰	动	liūbīng	4	六含	女士	名	nǚshì	2	五
留	动	liú	17	四	哦	叹	ò	5	六
留学	动	liúxué	19	四	怕	动	pà	11	基础含
流利	形	liúlì	11	四	拍	动	pāi	20	五
路线	名	lùxiàn	13	二含	陪	动	péi	9	四
轮胎	名	lúntāi	12	六	噼里啪啦	拟	pīlipālā	4	
旅行社	名	lǚxíngshè	6	基础含	皮肤	名	pífū	14	四

汉字	词性	拼音	课序	级别	汉字	词性	拼音	课序	级别
脾气	名	píqi	13	四	塞翁	名	sàiwēng	17	
匹	量	pǐ	17	五	三高一族		sāngāoyìzú	9	
平安	形	píng'ān	4	五含	散	动	sàn	14	四含
平时	名	píngshí	1	四	散步	动	sànbù	17	四
其中	名	qízhōng	8	四	散心	动	sànxīn	10	四含
旗袍	名	qípáo	14	六	森林	名	sēnlín	13	四
敲	动	qiāo	16	四	扇子	名	shànzi	13	五
切	动	qiē	18	五	商场	名	shāngchǎng	14	基础
茄子	名	qiézi	13	四	上门	动	shàngmén	8	二含
庆祝	动	qìngzhù	18	五	稍等	动	shāoděng	7	四含
求	动	qiú	15	五含	蛇	名	shé	17	五
取	动	qǔ	12	四	设计	动	shèjì	2	五
全	副	quán	16	基础	设施	名	shèshī	20	五
全身	名	quánshēn	11	基础含	生	动	shēng	9	五含
劝	动	quàn	9	五	生活	名	shēnghuó	3	四
却	连	què	17	四	声调	名	shēngdiào	11	五
确认	动	quèrèn	6	五	胜利	名	shènglì	9	五
确实	副	quèshí	3	四	剩	动	shèng	6	四
群	量	qún	17	四	失	动	shī	17	五含
然而	连	rán'ér	14	四	失恋	动	shīliàn	10	五含
染	动	rǎn	2	六	师傅	名	shīfu	12	四
热闹	形	rènao	3	四	市	名	shì	3	基础
人群	名	rénqún	17	四含	市场部		shìchǎngbù	16	四含
任何	形	rènhé	10	四	试	动	shì	2	四
扔	动	rēng	19	四	适合	动	shìhé	2	四
日用品	名	rìyòngpǐn	19	五	收件	动	shōujiàn	8	四含
入住	动	rùzhù	6	基础含	收据	名	shōujù	7	五
入座	动	rùzuò	18	四含	收入	名	shōurù	19	四
软	形	ruǎn	2	四	手续	名	shǒuxù	20	五

汉字	词性	拼音	课序	级别
手艺	名	shǒuyì	16	六
受不了	动	shòubuliǎo	15	四
蔬菜	名	shūcài	9	五
刷卡	动	shuākǎ	7	基础含
摔	动	shuāi	17	五
水饺	名	shuǐjiǎo	11	四含
顺口溜	名	shùnkǒuliū	11	
说干就干	短	shuōgànjiùgàn	19	基础含
死	形	sǐ	13	四
死亡	名	sǐwáng	14	六
四川	名	Sìchuān	19	
送终	动	sòngzhōng	14	六含
俗话	名	súhuà	2	六
随便	副	suíbiàn	14	四
随时	副	suíshí	4	五
太极拳	名	tàijíquán	9	五
谈	动	tán	10	四
躺	动	tǎng	8	四
烫	动	tàng	2	五
趟	量	tàng	8	四
淘	动	táo	19	
讨厌	形	tǎoyàn	13	四
特点	名	tèdiǎn	2	四
特价	名	tèjià	7	四含
特色	名	tèsè	5	六
提醒	动	tíxǐng	18	四
天才	名	tiāncái	11	六
填	动	tián	8	四含
厅	名	tīng	18	五含

汉字	词性	拼音	课序	级别
听说	动	tīngshuō	1	基础
挺	副	tǐng	5	四
通过	动	tōngguò	10	四
头	名	tóu	11	基础
投	动	tóu	11	五含
图片	名	túpiàn	2	三含
团	名	tuán	6	五
推	动	tuī	12	四
退	动	tuì	6	五
拖拖拉拉	形	tuōtuolāla	16	四含
脱	动	tuō	16	四
外卖	名	wàimài	8	二含
晚会	名	wǎnhuì	4	基础
往	介	wǎng	11	四
微信	名	wēixìn	2	三含
尾巴	名	wěiba	17	五
卫生	名	wèishēng	16	五含
位置	名	wèizhì	5	五
味道	名	wèidào	5	四
温度	名	wēndù	4	四
闻	动	wén	16	五
吻	动	wěn	11	五
卧室	名	wòshì	3	五
无鱼不成席		wú yú bù chéng xí	5	
误会	动	wùhuì	10	四
喜得贵子		xǐdéguìzǐ	9	
喜庆	形	xǐqìng	14	五含
细	形	xì	15	基础

汉字	词性	拼音	课序	级别
吓	动	xià	4	五
鲜艳	形	xiānyàn	15	五
闲谈	动	xiántán	18	四含
现金	名	xiànjīn	7	五
现实	形	xiànshí	19	五
现象	名	xiànxiàng	15	五
限制	名	xiànzhì	6	四
羡慕	动	xiànmù	11	四
相反	形	xiāngfǎn	15	四
香	形	xiāng	16	四
响	动	xiǎng	8	四
响声	名	xiǎngshēng	15	四含
想法	名	xiǎngfǎ	19	四含
象棋	名	xiàngqí	1	五
消息	名	xiāoxi	20	四
小伙子	名	xiǎohuǒzi	18	五
笑话	名	xiàohua	11	四
效果	名	xiàoguǒ	14	四
心情	名	xīnqíng	10	四
心想事成		xīnxiǎng-shìchéng	18	基础含
辛苦	形	xīnkǔ	8	四
信封	名	xìnfēng	4	五
信任	名/动	xìnrèn	16	四
行	动	xíng	12	四
幸运	形	xìngyùn	10	五
性格	名	xìnggé	19	四
性命	名	xìngmìng	17	六
姓名	名	xìngmíng	8	二含
修理	动	xiūlǐ	12	六
压岁钱	名	yāsuìqián	4	六
押金	名	yājīn	7	六
亚洲	名	Yàzhōu	13	四
养	动	yǎng	17	四含
养成		yǎngchéng	19	四
样	名	yàng	6	四含
样子	名	yàngzi	14	四
邀请	动	yāoqǐng	18	四
要不	连	yàobu	12	五
要是	连	yàoshì	8	五
也许	副	yěxǔ	17	四
野	形	yě	17	六含
叶子	名	yèzi	13	四
一路平安		yílùpíng'ān	20	五
意义	名	yìyì	19	五
因此	连	yīncǐ	14	四
银台	名	yíntái	14	四含
饮食	名	yǐnshí	9	六
拥挤	形	yōngjǐ	15	五
用餐	动	yòngcān	7	基础含
优秀	形	yōuxiù	12	四
尤其	副	yóuqí	1	四
邮局	名	yóujú	8	五
有关	介	yǒuguān	19	三含
鱼香肉丝	名	Yúxiāngròusī	5	基础含
娱乐设施	名	yúlè shèshī	7	五
愉快	形	yúkuài	20	四
语言	名	yǔyán	11	四

汉字	词性	拼音	课序	级别
郁闷	形	yùmèn	11	六含
预报	名	yùbào	4	五
预订	动	yùdìng	6	五
遇见	动	yùjiàn	9	三含
原始	形	yuánshǐ	13	六
原因	名	yuányīn	10	四
圆	形	yuán	2	四
远处	名	yuǎnchù	17	二含
云贵川	名	Yún Guì Chuān	19	
云南	名	Yúnnán	19	
运气	名	yùnqi	17	五
仔细	副	zǐxì	17	四
咱们	代	zánmen	1	四
早餐	名	zǎocān	7	基础含
展览	名	zhǎnlǎn	1	五
占地	动	zhàndì	13	基础含
战争	名	zhànzhēng	17	五
长辈	名	zhǎngbèi	4	六
招手	动	zhāoshǒu	20	基础含
这不好说		zhè bù hǎo shuō	12	基础含
这么	副	zhème	1	基础
这样	代	zhèyàng	3	基础
珍惜	动	zhēnxī	10	五
真正	形	zhēnzhèng	17	四
整理	动	zhěnglǐ	20	四
正好	副	zhènghǎo	1	四
证件	名	zhèngjiàn	7	五
之后	名	zhīhòu	18	四含
之间	名	zhījiān	10	四
只	副	zhǐ	2	四
只得	副	zhǐděi	12	四含
只是	副	zhǐshì	1	四含
直接	副	zhíjiē	8	四
职业	名	zhíyè	2	四
职员	名	zhíyuán	16	五含
植物	名	zhíwù	13	四
指	动	zhǐ	13	四
中心	名	zhōngxīn	3	五
钟	名	zhōng	14	五
重视	动	zhòngshì	9	四
主意	名	zhǔyi	19	四
祝贺	名/动	zhùhè	10	四
专车	名	zhuānchē	6	四含
专业	名	zhuānyè	19	四
赚	动	zhuàn	19	四
装	动	zhuāng	4	五
自然	副	zìrán	12	四
自助游	名	zìzhùyóu	6	基础含
最好	副	zuìhǎo	3	四
最后	名	zuìhòu	13	四
座	量	zuò	3	四
座位	名	zuòwèi	5	四